錢穆先生全集

中國思想史

錢穆先生全集

［新校本］

九州出版社

圖書在版編目（CIP）數據

中國思想史 / 錢穆著 . -- 北京：九州出版社，2011.1（2024.4 重印）
（錢穆先生全集）
ISBN 978-7-5108-0747-3

Ⅰ.① 中… Ⅱ.① 錢… Ⅲ.① 思想史 - 中國 - 文集 Ⅳ.①B2-53

中國版本圖書館 CIP 數據核字（2010）第 226394 號

中國思想史

作　　者　錢　穆　著
責任編輯　李　勇　周敏浩
出版發行　九州出版社
裝幀設計　陸智昌　張萬興
地　　址　北京市西城區阜外大街甲 35 號
郵　　編　100037
發行電話　（010）68992190/3/5/6
網　　址　www.jiuzhoupress.com
印　　刷　三河市東方印刷有限公司
開　　本　635 毫米 ×970 毫米　16 開
插頁印張　0.5
印　　張　19
字　　數　217 千字
版　　次　2011 年 5 月第 1 版
印　　次　2024 年 4 月第 4 次印刷
書　　號　ISBN 978-7-5108-0747-3
定　　價　76.00 元

錢穆先生

錢穆先生印·素書堂

新校本說明

錢穆先生全集，在臺灣經由錢賓四先生全集編輯委員會整理編輯而成，臺灣聯經出版事業公司一九九八年以「錢賓四先生全集」為題出版。作為海峽兩岸出版交流中心籌劃引進的重要項目，這次出版，對原版本進行了重排新校，訂正文中體例、格式、標號、文字等方面存在的疏誤。至於錢穆先生全集的內容以及錢賓四先生全集編輯委員會的注解說明等，新校本保留原貌。

九州出版社

出版說明

一九五〇*年之冬，錢賓四先生自香港赴臺北，時張曉峯先生編纂現代國民基本知識叢書，特約先生撰寫兩種，即本書及宋明理學概述是也。先生返港後，每於夜間燈下，先寫此書，於一九五一年八月完稿，翌年一九五二年十一月由臺北中華文化出版事業委員會出版。

本書自春秋之中、晚，下迄現代，分立四十四目，揭出中國歷代主要之思想家及其思想之要點，綱宗犆立，全部中國思想史之主要節目，已在其內。蓋先生著作中與本書可互相闡發者，無慮十數種，既限於篇幅，未能盡其全貌，故但作扼要之提點，以待學者自為更進一步之研尋。

一九七七年春，先生重校是書，略作增添改定，交由臺灣學生書局於是年四月重排印行。一九八〇年學生書局再版，又對原版有所校正。今重排此書，即以學生再版本為底本整理，主要為改正若干誤植文字，並加入私名號、書名號等。原書引文未附出處，則盡量查出核對，並予注出，以便讀者檢

*新校本編者注：原文為「民國」紀年。下同。

索。最後孫中山一篇，先生曾以中山思想之新綜析為題，於一九五一年九月十六日發表於自由中國第五卷第六期，篇首多出一段文字，今據該文補入。其整理工作雖力求愼重，然錯誤疏漏之處，在所難免，敬祈讀者不吝指正。

本書由王仁祥先生負責整理。

錢賓四先生全集編輯委員會　謹識

目次

自序

西方思想，大體可分三系：一為宗教。二為科學。三為哲學。此三系思想，均以探討眞理為目標。所謂眞理，則可有兩種看法：一認眞理為超越而外在，絕對而自存。一認眞理即內在於人生，而僅為人生中之普遍與共同的。此二看法，各有是處。天地萬物，本先人類而有。天地萬物有天地萬物之理，其時尚無人類，則謂此等眞理超越外在，獨立自存，自無可議。迨既有人類之後，便有內在於人生界之眞理，絡續發現。此僅指其在人生界有普遍性，共同性，決非亦超越人生而外在。然此二項眞理，亦非全相隔絕，抑且互有關涉。人生本從宇宙界來，本在天地萬物中，故人生眞理中必處處涵有宇宙眞理，亦必處處被限制於宇宙眞理中而不能違反與逃避。然就人生論人生，則人生本身。亦必有其內在之眞理。此二項眞理之分別，本極明顯。然人類思想往往從此分別上發生種種偏差與歧誤。

宗教家認為有一萬善之上帝，創造天地萬物以及人類。遂認為人生界種種眞理，皆由上帝而來。故宗教眞理乃為超越而外在者。科學家不認有此上帝，然抹殺人類與萬物之大區別，以為天地萬物之理已包括盡人生之理，因此，於天地萬物自然眞理之外不再認有人生眞理之存在。則科學眞理亦為超越而外在者。宇宙界若無人類，此上帝之理，萬物自然之理，依然存在。則此項眞理，根本不因人類之有無而有無，人生之變動而變動。由此觀念而產生一種向外覓理之態度。宗教與科學所探究之眞理雖不同，此一向外尋覓之態度，則為兩者之所同。

西方哲學派別尤繁，然或則導源於宗教，或則依傍於科學。我們暫可歸納之為兩大幹：一主理性。一主經驗。若主理性，試問理性何自來？必謂其屬諸先天。又問理性與人類之關係，則謂理性乃絕對而自存。此卽其淵源宗教之證。其主經驗者，都認經驗由個人與外界天地萬物之接觸因應而來，則經驗所得卽天地萬物外在自然之理。此則不得不依傍科學。然則西方哲學，大體亦向外覓理，其在態度上，仍與宗教、科學一致。

中國思想，有與西方態度極相異處，乃在其不主離開人生界而向外覓理，而認眞理卽內在於人生界之本身，僅指其在人生界中之普遍共同者而言。此可謂之向內覓理。因此對超越外在之理頗多忽略。不僅宗教、科學不發達。卽哲學亦然。若以西方哲學繩律中國思想，縱謂中國並未有純正哲學，亦非苛論。

然眞理確有此兩面，一屬自然，一屬人文。前者須超越人生，向外覓之，後者須卽就人生本身，向內覓之。並當求其界限，明審其交互之相通流，乃始得眞理之大全。

如論宗教，固有一至善創世之上帝否？據科學言，似此非眞理。然宗教信仰，實於人生界有作用，有貢獻。故宗教眞理，縱謂於自然界非眞理，而於人生界則不得謂其全非眞理。換言之，宗教所信仰者縱非眞理。而宗教信仰之本身，則確有眞理寓乎其中。宗教所信仰屬宇宙界，屬超越外在，而宗教信仰之本身，則屬人生界，係普遍內在共同內在之一種人文心理。此種心理之有用而不可毀棄，本身卽成為人生界一眞理，可不因科學界所發現之自然眞理而推翻。

再言科學，其所發現者固屬眞理，然不屬人生。原子彈可以大量殺人，此乃自然眞理。然人文眞理中並無應該大量殺人之理。不得因科學界發明原子彈，遂認為殺人須大量殺，而奉之為人生眞理之新發現，此理甚顯。可見科學發現儘是眞理，而非卽人生眞理。至少科學眞理包括不盡人生眞理，則無可疑難。

然則人類既不能無條件信仰宗教所建立之「體」，亦不能無條件運使科學所發現之「用」。故宗教、科學皆有眞理，而不得謂其各得眞理之全。

依次再言哲學。西方哲學，本意應譯「愛智」。然理智僅占人類心知之一部分而非其全體，則僅由理智所獲得之人生眞理，亦屬人生眞理之一部分而非其全體可知。中國思想，尤其是儒家思想之最重要點，則在仁智兼盡。智屬哲學範圍，仁則不屬於哲學範圍。因智是理智，而仁則屬於情感。儘可有主張以情感為重之哲學，而情感本身則不成為哲學。然情感縱非哲學，卻不得謂非人生。毋寧謂其在人生界之重要，乃更甚於理智。人生眞理應向人生求，不應向哲學求。則西方哲學之屬於純理智純思辨者，仍不能得眞理之全可知。卽綜合西方宗教、科學、哲學三系思想之大全，而仍不能得人類所欲探求之眞理之全亦可知。

我們必明得此上所述，纔可回頭來認識中國思想對人類探究眞理之獨特貢獻與其價值之應有分際。中國思想乃主就人生內在之普遍共同部分之眞理而推擴融通及於宇宙界自然界。故中國思想不能形成為宗教。若謂中國有宗教，此可謂之「人文教」。因其信仰中心仍在人文界，而不在宇宙界。人性善，人皆可以為堯、舜。此乃中國人文教之信仰中心。由此推擴融通到宇宙界，則盡性可以知天，盡己之性盡人之性可以盡物性而贊天地之化育。盡物性贊化育，須有事於格物窮理，此已侵入科學範圍。中國非無科學，然中國人之「格物窮理」，則仍主依隨於人文中心之基點而出發，仍回復到人文中心所蘄嚮為歸宿。雖不明白否認有一絕對超越人生而外在之自然眞理，然就人文眞理言，則必求此自然眞理之與人文眞理相會通相合一，而始奉之為眞理。故在西方，宗教與科學，為超越人生而自在之兩對壘，在中國，則為緊貼人生而添上之兩翅翼。在中國思想中，常抱天人交通、天人合一之觀念。而此宗教之「天」與科學之「天」，在中國思想中亦可交流、可合一，而未見其有嚴格之劃分與衝突。

中國人之探究人生內在眞理，乃卽就人生全體而如實以求。故情感、理智，自始卽平等重視。毋寧於人情更重視。故人情、物理、天心，在中國思想中，常求能一以貫之，成為三位之一體。西方則以宗教識天心，科學研物理，哲學則仍側重在天心、物理上而忽略了人情。如是則成為以個人面對外界，卽面對宇宙之局面。其視人羣亦如天地萬物然。毋寧謂是識得天，識得物，乃始識得人。中國思想則其視人也特重，毋寧謂是識得人乃始可以識得天、識得物。在西方觀點，其對此外界，見仁見智，或為宗教的，或為科學的。其轉入哲學，則常為一種個人主義之二元論，其癥結卽在此。中國思想，則認為天地中有萬物，萬物中有人類，人類中有我。由我而言，我不啻為人類之中心，人類不啻為天地萬物之中心。而我之與人羣與物與天，則尋本而言，渾然一體，既非相對，亦非絕對。最大者在最外圍，最小者占最中心。天地雖大，中心在我。然此決非個人主義。個人主義乃由分離個人與天、物、人羣相對立而產生。然亦決非抹殺個人，因每一個人，皆各自成為天、物、人羣之中心。個人乃包裹於天、物、人羣之中，而為其運轉之樞紐。中心雖小，卻能運轉得此大全體。再深入一層言之，則所謂中心者，實不能成一體，因其不能無四圍而單有一中心之獨立存在。故就體言，四圍是實，中心是虛。就用言，四圍運轉，中心可以依然靜定。中心運轉，四圍必隨之而全體運轉。此為中國思想之大道觀。此所謂「道」，亦可說是中國人之宗教觀，亦可說是中國人之自然科學觀，亦卽中國人之人生哲學。

中國古代思想中有較近似於西方之宗教者如墨子。天志要人愛，人不該不愛。天志要人兼愛，要人愛無差等，人便該兼愛，便該無分別無差等底愛。宇宙中究有此天，天究有此志否，此屬理智問題。須向外尋覓，向外探討。在中國思想界反對墨子，則直截從人情上反對。人既不是天，人心亦究不是天志，強要把天志來壓迫人心，人心不堪。我那能把別人父親眞當作自己父親看？宇宙中縱有此理，其奈人心之實無此情何？而且人情所求，亦實在須得一人間之愛。天之愛人，一律平等無差別相。為子者須得父愛，為妻者須得夫愛，若全沒有了這些，而僅得一天愛，天愛僅可謂是一種理之愛，而非人情之愛，將仍為人情所不堪。故中國人雖亦崇敬墨子之人格，而到底不能接受墨子之理論與教誨。

中國古代思想中有較近似於西方之科學自然觀者，如莊老道家。科學眞理中無愛，自然現象中亦無愛。莊老言人生亦然。「魚相忘於江湖」，「天地不仁，以萬物為芻狗」。魚類固無情乎？天地固不仁乎？此仍屬理智問題，仍須向外尋索，向外研討。但究竟人類相處，該不該如魚之相忘，如天地之不仁，此則屬諸人類之本身問題，毋寧更屬於人類本身所自有之情感問題。中國人反對莊老，亦直截從人情上反對，謂其「知有天不知有人」。人便須有情。仁，人心也。人心有仁，便不必深論天心之仁與不仁。仁者愛人。我便該無失其本心。

依照中國人的思想態度，似乎太平易，太簡單，便走不上西方哲學路子。西方哲學界總是要講一個理，而此理還是該向外尋索，向外研討。西方哲學界如不全依宗教、科學的路走，則必另走上一條名辨邏輯之路，由名辨邏輯的客觀條例、客觀律令來探求眞理。然觀念本從實際人生而有，名字亦從實際人生而起。而西方哲學界，則必教人先把此觀念與名字從實際人生中抽離而獨立，為之規定名義，確立界說。於是再從此許多有確定名義與界說之觀念中曲折錯綜地引生出一套理論。結果這一套理論，卻遠離了實際人生而獨立自在，如是始成為哲學。中國古代思想中也有近似此一派者，則如名家惠施。此種由名辨邏輯所得之眞理，其可靠性究如何？依然仍得由名辨邏輯向外尋索。而中國思想界，則依然只直截從人心之平易處，即人情之實感處，來反對此派之言辨，謂其「足以服人之口，不足以服人之心」。西方哲學界偏重此種名辨邏輯者，則若謂你的口說既無法辨了，你心上便不該不服。這正因西方哲學乃純理智純思辨的，哲學對象超越而外在，為純客觀的，無感情的。而因此中國思想遂亦終不能有像西方般的純正哲學精神。

有些處，中國思想很近似於西方哲學中之理性主義。但有些處，又很近似於西方哲學中之經驗主義。在西方哲學上，此兩派自成一對立。但在中國則無此對立。有些處，中國思想很近於西方哲學中之唯心論，但也有些處又很近似於唯物論。在西方，唯心、唯物，又成一對立，在中國則仍無此對立。有些處，中國思想很近似於西方哲學中之個人主義。但有些處又很近似於集體主義與社會主義。在西方，此兩派仍然有一對立，但在中國則仍然無此對立。故以西方哲學之規範來繩律中國，衡量中國，則中國思想實似太簡單太平易，還未發展成熟，不能剖析精微。在中國不像有嚴格純正的哲學家與哲學思想。但儘可說中國無哲學，中國又何至於無思想呢？在人類思想中，可以有如西方般的哲學思想，卻不能說西方哲學思想乃人類思想之唯一準繩，與唯一規矩！

有人說，中國思想無條理，無系統，無組織。其實只要真成為一種思想，便不會無條理，無系統，無組織。又有人說，中國思想無進展，無變化。此無異於說在中國，則只有某一時期人能思想，此外各時期的中國人，便不再能有思想，此亦屬武斷。若果中國人能繼續有思想，便在其思想體系上不會無進展，不會無變化。又有人說中國思想定於一尊，無派別，無分歧。其實思想本身決然會生派別與分歧。即使定於一尊，但定於一尊之後，仍會有派別分歧。

若說中國思想，太平易，太簡單，則試問如何在此平易簡單之中，又能有條理，有組織，有系統，有進展，有變化，有派別，有分歧呢？只要它眞能有條理，有組織，有系統，有進展變化，有派別分歧，則此種思想還是不平易，不簡單。

我們該從中國思想之本身立場來求認識中國思想之內容，來求中國思想本身所自有之條理組織系統，進展變化，與其派別之分歧。此始成為中國的思想史。我們不能說西方思想已獲得了宇宙人生眞理之大全，同樣不能說中國思想對此宇宙人生之眞理則全無所獲；亦不能說中國思想對宇宙人生眞理之所獲，已全部包括在西方思想之所獲之中。如是始可確定中國思想史在世界人類思想史中之地位與價値。

今天的世界問題，最主要者，還是一思想問題。在西方，宗教與科學，唯心與唯物，個人主義與社會主義，理性主義與經驗主義，處處矛盾，處處衝突。但在中國思想史裏，則並不見有此種矛盾與衝突之存在。今天的中國人，不認自己有思想，勉強要外面接受一思想，來在自己內部製造衝突。於是有所謂新舊思想之衝突。然試問今天的中國，果能眞實認識瞭解中國之舊思想者又有幾人？今天的中國思想界，又果何嘗有所謂新舊之衝突？所謂衝突者，其實只是接受了西方思想一外貌。接受了西方思想外貌上所最易顯見之一衝突性，而自求衝突。於是認為非衝突卽是無思想，於是有「不革命卽是反革命」之口號。頹波所趨，遂有今天中共之所謂「搞通思想」。其實彼輩所謂搞通思想者，骨子裏卽為反對思想。彼輩誤認衝突矛盾為思想之本質。果如是，則思想搞通，卽成不通。故革命完成之後，勢必繼之以清算。思想眞搞通了，卽成為無思想，於是將重造衝突，重求搞通。如是則搞通復搞通，清算復清算。永遠是一個搞不通與算不清的不了之局，而民生憔悴亦將永無寧日。此無他，一則認為人生眞理超越人生而外在，再則認為思想本身不能無衝突，無矛盾。遂以此超越人生以外的衝突與矛盾之眞理觀來強安之於實際人生中，來創造出實際人生中之衝突矛盾，以求符於其所謂之眞理。若專就西方思想史之演變言，則亦未嘗無一些客觀事實可資為證成。但若回就中國思想史看，則殊不見得此種思想之現實性與必然性。故我認為研究中國思想史，不僅對於中國今天的思想界可得一反省，一啟示。實於近代西方思想之衝突矛盾獲不得解決處，可有一番意外之貢獻與調和。至於我言信否，則請先平心靜氣地讀完了我這一部中國思想史後再討論！

一九五一年八月一日

例言

一、本書限於篇幅，敍述古代思想由春秋中晚開始，更前的不再推溯。

二、每一時期各只提及主要的幾家，每一家各只提及主要的幾點。其餘都略去了。因之此書只能提供出中國思想史裏幾個主要節目，並非中國思想史之全貌。

三、每一思想家之生卒年代及其師友淵源，生活出處，以及時代背景，均為研究思想史者必須注意之項目，但此書因限於篇幅，都略去了。

四、書籍之眞偽及其著作年代必先經考覈。如本書敍述老子思想在莊子後，敍述中庸、易繫辭在孟、荀後，在本書作者均有極精密的考訂，與極堅強的證據，但本書中全避涉及。

五、各家思想之內在精義，本書均未能詳盡闡發，只求以簡括透闢的語句，就扼要處約略指點，留待讀者自己研尋。

六、本書所引各家原著，除極少例外，均未詳細注明書名篇目，因此乃研治中國思想史者之普通常識，為節省篇幅計，均經略去。

七、本書作者以前各著作，與本書可互相闡發者，有（一）國史大綱（二）國學概論（三）先秦諸子繫年（四）四書釋義（五）墨子（六）惠施公孫龍（七）莊老通辨（八）陽明學述要（九）近三百年學術史及（十）中國文化史導論（十一）文化學大義諸種。其未經集成專書之大量散篇論文，將來擬彙合為中國學術思想史論叢一書。本書大體，僅為上述諸書之賅括而綜合的敍述。讀此書者，希望能參考及上列諸書。

八、研治思想史，決不當不注意及通史與文化史。讀此書者，尤希望至少能參考及拙著國史大綱及中國文化史導論之兩種。

九、研治中國思想史，最好能旁通西方思想，始可探討異同，比較短長。本書關於此點，僅能微引端緒，甚望讀者勿輕易略過。

十、本書旨求簡易通俗，各家思想之精深博大處，終不易於言下盡求速瞭。讀者貴能細心玩索，明得一家是一家，明得一節是一節，明得一句是一句。若能反覆研玩，積累之久，自能有豁然貫通之境。

十一、無思想之民族，決不能獨立自存於世界之上。思想必有淵源，有生命。無淵源無生命之思想，乃等於小兒學語，不得稱之為思想。今天中國之思想界，正不幸像犯了一小兒學語之病。本書旨在指示出中國思想之深遠的淵源，抉發出中國思想之眞實的生命。學者由此窺入，明體可以達用，博古可以通今。庶乎使中國民族之將來，仍可自有思想，自覓出路。幸讀此書者，切勿以知道一些舊公案，拾得一些舊話頭，即為了事。

十二、本書成稿距今已二十多年。經作者再自閱讀，有增添，有改定，與舊版稍有不同。幸讀者注意。

一九七七年歲首識

一　思想和思想史

佛經上說：「有生滅心，有相續心。」普通人心都是剎那起滅，一刻兒想這，一刻兒想那。很少能專注一對象，一問題，連續想下。相續心便成了思想。有些人能對一事實一問題，窮年累月，不斷注意思索，甚至有畢生竭精殫慮在某一問題上的，這些便成為思想家。但宇宙間，人生界，有幾件大事，幾個大問題，雖經一兩個人窮老思索，也獲不到結論，於是後人沿他思路，繼續擴大繼續深入，如是般想去，便成為思想史。有些注意這問題，有些注意那問題，有些注意問題之這一面，有些注意問題之那一面。注意對象不同，思路分歧，所得結果也不一致，這就形成思想史上的許多派別。

二　中國思想史

有文化有歷史的民族，必然能對宇宙人生中某幾件大事，某幾個問題，認眞思索。經歷了幾百年乃至幾千年的悠長歲月，其實也僅能說對宇宙人生中某幾件事，某幾個問題，有了他們一些意見，還待以後繼續闡發，繼續證成。這是某民族的思想史，也還該把別一民族之所思所得來比較對證。將來在全人類的思想史裏，民族思想也只成為一派別。

中國民族有了四五千年以上的歷史，究竟中國人在此四五千年歷史文化遙長的演進中，對宇宙人生，曾想些什麼？曾有些什麼意見？我們是中國人，該知道一些纔是。這些便是中國的思想史，無論如何，將來也必然成為世界人類思想史中之一派別。

三　春秋時代

太遠的，在這樣的小書裏不講了，讓我們且從春秋講起。

人類對宇宙，對人生，有一個最迫切最重大的問題，便是「生和死」的問題。這是凡能用思想的人首先會遇到的問題。這一問題，上接宇宙論，下接人生論，是宇宙、人生緊密接觸緊密聯繫著的問題。不僅是其他一切問題之開始，也將是其他一切問題之歸宿。中國人對此問題，抱何意見呢？當然這有很遠的淵源。但在春秋時代，中國人對此問題，已有很成熟的態度了。

讓我舉兩人為例：一是鄭國的子產，一是魯國的叔孫豹。

四　子產

在魯昭公七年，子產赴晉，晉趙景子問他：聽說鄭國常鬧伯有鬼出現的事，伯有已死八年了，難道還能有鬼嗎？子產道：能。

人生始化曰魄，既生魄，陽曰魂，用物精多則魂魄強，是以有精爽，至於神明。匹夫匹婦強死，其魂魄猶能馮依於人以為淫厲，況良霄伯有字。三世執政柄，其用物也弘矣，其取精也多矣，其族又大，所馮厚矣，而強死，能為鬼，不亦宜乎？（左傳昭公七年）

這是中國人對於死生鬼神一個傳統的想法，在子產口裏，明白地道出了。

首先我們該注意的是子產說「人生始化曰魄，既生魄，陽曰魂」那幾句。中國人在那時，似乎已不信人生以前先有個靈魂，所以說人生始化曰「魄」，魄指形體。既生魄，陽曰「魂」，可見是有了肉體纔有靈魂的。靈魂只是指此肉體之一切作用神氣而言。這一觀點，顯然與世界人類思想史上其他幾個文化民族，同時或先或後，對此問題的看法與想法截然不同。中國人在此時，已擺棄了靈魂觀，對人生不作靈、肉分異的二元看法。因此中國在此後，對宗教，對哲學中之形而上學，都不能有很大發展。中國人用思想，似乎很早便不喜作深一層的揣測，而寧願卽就事物現象的表現上作一種如實的描寫。這是中國心靈在宇宙觀、人生觀上之更近於近代的科學精神處。

「魄」是生理，「魂」是心理。人生以後，若在物質上、精神上處境好，使用厚，他的身體和心靈，便會比別人的強些，故說「用物精多則魂魄強」。心靈強的，他精神作用便精明精爽。（爽卽是明。）精明之極，便成神靈了。（神明猶今說神靈。）可見「神明」在當時指生前言，不指死後言。

人到衰老而死，他的生理作用停止了，他的心理作用也完畢了。然則何以有鬼的呢？正為生理作用並未衰老，驟然橫死，（卽強死。）那時猶有餘勁未歇，於是遂有鬼的現象。那些餘勁，也不能歷久不散，所以趙景子要問何以伯有死了八年之久還能有鬼出現呢？據子產的想法，這是可能的。因為伯有生前的魂魄蓄勢太厚，所以死後餘勁可以歷久不散。然則某一人的心理作用，在其生前極偉大極超特的，在其死後可以成為神明，也是理所當然。不是子產的思想，直到現在，我們還提到它嗎？這是中國古代人對於鬼神的想法，直到現在，還成為中國一般人的觀點。我們只舉子產來作一代表。至於此一說法是否準確，只有待將來新科學之發現作考驗。

子產惟其抱有這一見解，因此把人之生前和其死後的問題看輕了，而更看重在人之生命之實際過程中。換言之，卽是更看重了人生論，而忽略了宇宙論。因此子產另有一句名言，他說：

天道遠，人道邇。（左傳昭公十八年）

中國人愛講人道，不愛講天道。愛講切近的，不愛講渺遠的。非切實有據，中國人寧願存而不論，這是中國人傳統的思想態度和思想方法。

鄭子產發表他對於討論伯有鬼出現的一番話，正當孔子十七歲的青年時期，我們應該注意鄭子產這番話對於此後孔子思想之影響。

其次要說的是魯國的叔孫豹。

五　叔孫豹

人生問題中最大的，還是一個人死問題。人死問題便從人生論轉入宇宙論，這已不屬「人」而屬「天」。死生之際，便是天人之際。人人都不願有死，人人都想不朽、永生，逃避此死的一關，這是世界人類思想史上最古最早共同遇到、共同要想法解決的問題。叔孫穆子對此曾發表了他極名貴的三不朽論，直到現在，還成為中國人的傳統信仰。

在魯襄公二十四年，（在前引子產事前十四年。）魯叔孫穆子如晉，晉范宣子問他：「如何是不朽？」穆子未對，宣子說：「我范家遠祖經歷虞、夏、商、周四代直到此刻，祿位未輟，是否算得不朽？」穆子說：「那是家族的世祿，非人生的不朽。」

> 豹聞之，太上有立德，其次有立功，其次有立言，雖久不廢，此之謂不朽。（左傳襄公二十四年）

這一節對話，正可為上引子產的一節話作旁證。正因為那時的中國人，已不信人之生前和死後有一靈魂存在，故他們想像不朽，早不從「靈魂不滅」上打算。范宣子以家世傳襲食祿不輟為不朽，叔孫穆子則以在社會人羣中立德、立功、立言為不朽，只能不朽在此人生圈子之內，不能逃離此人生圈子，在另一世界中獲得不朽。依照西方宗教觀念，人該活在上帝的心裏。依照中國思想，如叔孫穆子所啟示，人該活在其他人的心裏。立德、立功、立言，便使其人在後代人心裏永遠保存出現，這卽是其人之復活，卽是其人之不朽。因此中國人思想裏，只有一個世界，卽人生界。並沒有兩個世界，如西方人所想像，在宗教裏有上帝和天堂，在哲學中之形上學裏，有精神界或抽象的價值世界之存在。我們必須把握住中國古人相傳的這一觀點，我們纔能瞭解此下中國思想史之特殊發展及其特殊成就。

叔孫穆子這一番話，正當孔子三歲的嬰孩期，這對孔子思想，無疑的有很大的影響。

六　孔子

孔子生在春秋晚期，他是中國思想史上有最高領導地位的人。但孔子思想並非憑空突起，他還是承續春秋思想而來。

季路問事鬼神，子曰：「未能事人，焉能事鬼？」曰：「敢問死。」曰：「未知生，焉知死？」（論語先進）

世界上一切宗教，似乎都想根據人死問題來解決人生問題，孔子則認為明白了人生問題，纔能答覆人死問題。世界上一切宗教，都把奉事鬼神高舉在奉事人生之上，孔子則認為須先懂得奉事人，纔能講到奉事鬼。這一態度，使孔子不能成一宗教主，也使中國思想史之將來，永遠走不上宗教的道路。

樊遲問知，子曰：「務民之義，敬鬼神而遠之，可謂知矣。」（論語雍也）

孔子的思想態度，全偏重在實際人生上，即所謂「務民之義」。而對宗教信仰，以及哲學形上學的玄想，牽涉到人之生前和死後，以及抽象超越的精神界，如鬼神問題等，則抱一種敬而遠之的態度。

現在我們問：孔子對人生的理想是怎樣的呢？

顏淵、季路侍，子曰：「盍各言爾志。」子路曰：「願車馬衣輕裘，與朋友共敝之而無憾。」顏淵曰：「願無伐善，無施勞。」子路曰：「願聞子之志。」子曰：「老者安之，朋友信之，少者懷之。」（論語公冶長）

這是當時孔門師弟子的人生理想，其實三人的理想是相同的。子路的話比較具體而粗淺，他願把自己經濟物質上的所有權之享受，供諸大眾。他的車馬衣裘，願獻給他的朋友來共同使用。而在他心上，沒有絲毫感覺到可惜。顏淵的話深了一層，他不專從具體的經濟物質上著想，他願對人有善意，因而貢獻出他的勞力，但在其內心覺得像全沒有這會事，對人也如對己般。人那會對他自己有善意，付出勞力，而感覺到對自己有德有功的呢？孔子的話，則較顏淵更深了一層。他不僅要在自己心上覺得沒有這會事，更希望在別人心上亦不要覺得有這會事。你敬事老年人，要使老年人受之而安。你愛護幼年人，要使幼年人只覺得你可懷念。你和朋友處事，要使朋友完全信託你，把你當作他自己般信任。

其實這三人的人生理想是一般的。我們若不明白子路的心情，將更不明白得顏淵的。不明白顏淵的心情，將更不明白得孔子的。他們全希望人與人相處，不要存一人、我之見，更不要專在自私的功利上打算。若我們不存有一種自私的人、我之見之隔閡，若不專在個我的功利上打算，我們自能像子路，也自能像顏淵，於是纔能學孔子。

孔子這一番的人生理想，並不要宗教信仰，說上帝的意思要我如此。也並不須一套曲折微妙的哲學理論，來說明這一番理想的背後，有如何深奧的，為普通常人所不易懂得的一種哲學根據。我們不是相信，人人的心理，都會喜歡像有子路、顏淵、孔子般待我的人嗎？我們既喜歡別人如此般待我，我便該如此般待人。而且人人心中，也實在喜歡如此般待人的。因為人類的心情都是差不多的呀！但為什麼人只想別人把這樣的心情對待我，卻不肯把自己這樣的心情對待人呢？在這裏，我們便可接觸到當時孔子所要闡述的他對人生問題的大理論，最要的即孔子常常所講之「仁」。

樊遲問仁，子曰：「愛人。」（論語顏淵）

孟子曰：「仁者愛人。」又曰：「仁者，人心也。」（孟子離婁、告子）

孔子所常講的「仁」，並沒有什麼深微奧妙處，只在有一顆愛人之心便是仁。而這顆愛人之心，卻是人心所固有，所同有。換言之，這是人心之本質。若某一人的心裏，從不覺得有希微對人之愛，那這一人的心，只可說是獸心，非人心。其實禽獸也還有愛同類之心呀！

父母愛其子女，子女愛其父母，便是人人有此一顆愛他心之明證。把這愛他心推擴，即是孔子之所謂「仁」。

有子曰：「孝弟也者，其為仁之本與？本立而道生。」（論語學而）

近代有人在懷疑，孝、慈是對等的，為什麼孔門卻偏多講孝呢？這理由很簡單。天下有不為父母、沒有子女的人，卻沒有不為子女、沒有父母的人。孔門講道，為人人而講，為全世界人類古今之全體量而講。講孝，人人有份。講慈，便有人沒有份。而且人必然先做子女纔做父母。講孝，盡了人生之全時期。父母死了，孝心還可存在。講慈，則最多只占人生之半節。

上面說過，死生之際，便是天人之際。生屬於人生界，死則屬於宇宙界。父母死亡，子女孝心依然存在，常紀念到他的父母，如是則從現世人生過渡通接到過去的人生。只要子女孝心常在，自然感覺到父母生前一片慈心，也是依然常在，而且會永遠繼續常在，如是則從過去人生通過現世，而直達到未來的人生。如是則人生界已滲透進宇宙界而融為一體。這是一個在西方的思想史裏，許多宗教家、哲學家，費盡心思，費盡說法，所要努力解決的問題，但孔子則只想指點出一種人類所共有的心情之自然流露，並在其實際的人生經驗中來把此問題試予解答了。

「仁」既是人類的共有心情之自然流露，所以孔子說：

仁遠乎哉？我欲仁，斯仁至矣。（論語述而）

有能一日用其力於仁矣乎？我未見力不足者。（論語里仁）

所以仁不僅是一條人人應由之道，而且是一件人人可能之事。但畢竟仁心仁道，還未能在此現實的人生界暢遂發皇，這又為什麼呢？在孔子思想裏，他認為這是為人類的一切個別的功利打算所掩蔽所錯誤了。所以：

子罕言利，與命，與仁。「與」是「贊成」義，如「我與點也」。（論語子罕）

個別的利害計較，孔子是不太注重的。在孔子，寧願贊成命的觀念。外面環境之複雜，人事之變動，隨時有不可逆測的偶然事件之發生，使我們對一切利害計較終於無準難憑，則何如回轉念頭，先從自己內心的情意上起算，不要先從外面事勢的利害上較量呢？

「命」在孔子看來，是一個不必然的。我們若明白得外面有一不必然之命，自然肯回嚮自身那個必可然之仁了。所以孔子說：

不知命，無以為君子。（論語堯曰）

子貢曰：「如有博施於民而能濟眾，何如？可謂仁乎？」子曰：「何事於仁，必也聖乎？堯、舜其猶病諸！夫仁者，己欲立而立人，己欲達而達人，能近取譬，可謂仁之方也已。」（論語雍也）

仁者並不是不願博施濟眾，然而這有待於外面一切的形勢與條件，縱使像堯、舜般，掌握到人間最高的權力，也未必能充盡其量的博施與濟眾，這便是謂「命」。命限制了人的種種可能，卻逼出人一條惟一可能之路，這一條路，則是盡人可能的，那便是所謂「仁」。「己欲立而立人，己欲達而達人」，只在我們心上之一念，外面一切條件束縛不得。一切形勢轉移不得。只有仁不在命之內。孔子把「命」字來闡述宇宙界，把「仁」字來安定人生界。儘在不可知之宇宙裹，來建立必然而可能之人生理想。所以孔子說：

知者利仁，仁者安仁。（論語里仁）

有大智慧的人，認清了宇宙不可必之命，自然感到人生內在必然而可能之仁，是人類理想中最有利的行徑了。至於仁者：

求仁而得仁，又何怨？（論語述而）

仁本來是人心自然的要求，他早已獲得了他所要求的滿足，又何所怨恨呢？孔子說他自己的心情：

不怨天，不尤人，下學而上達，知我者其天乎！（論語憲問）

不知命，所以要怨天尤人。知命了，自能不怨天，不尤人。能近取譬，就在自己心情上，發現了人生大道，這是「下學」。使在此人生大道中，直透到不可知之大宇宙中的最高眞理，這是「上達」。在一切不可必中間，卻有一惟一可必的。這惟一可必的，雖操之在人，而還是原之於天。孔子「與命與仁」的主張，在此上就一以貫之了。孔子這一種見解，極平易，卻還是極高深，所以孔子要說「知我者其天乎」。

子曰：「志士仁人，無求生以害仁，有殺身以成仁。」（論語衛靈公）

生屬命，求生不可必得。仁屬己，求仁絕對可能而必得。孔子的人生理想，堅決走歸一線，這須「求仁之學」與「知命之學」配合，纔能瞭解孔子這一態度。所以孔子說：

> 仁者靜。（論語雍也）

又說：

> 仁者不憂。（論語子罕）

這都從知命精神來。惟其孔子看重知命之學，所以：

> 子絕四：毋意，毋必，毋固，毋我。（論語子罕）

不知命，便不免要臆測，要期必，要執滯，要私己。這些不可必得而害仁。絕此四端，纔能安命，纔能成仁。

子不語，怪力亂神。（論語述而）

力與亂，想把自己來打破外面之不可必。怪與神，是希望在外面不可必中忽然跑出一個可能來。孔子知命，因此不說到這些。孔子思想，在這一態度下，使他也忽略了像近代西方對自然科學之探討的一面。西方人的宗教、哲學與科學，都是向外尋索，孔子思想則是把握到自己內心之必然可能，與盡人可得之一面，而因此在宗教、哲學與科學之三方面，皆照顧不及了。

孔子論「仁」，指的人心內部之情意與態度，此種情意與態度，如何求其表達到外面實際的人生界而恰到好處呢？於是孔子纔又注重到「禮」。

顏淵問仁，子曰：「克己復禮為仁。一日克己復禮，天下歸仁焉。為仁由己而由人乎哉？」顏淵曰：「請問其目。」子曰：「非禮勿視，非禮勿聽，非禮勿言，非禮勿動。」顏淵曰：「回雖不敏，請事斯語矣。」（論語顏淵）

在知識上，必須「知命」纔能求仁。在行為上，必須「復禮」纔能為仁。禮是人生相處之種種節限。人往往為個己求利的目的而逾越了此種節限。但逾越此節限，未必就是利。所以孔子曰：

不知命，無以為君子。不知禮，無以立。（論語堯曰）

「禮」在仁與命之交界處。在最先，禮本從人與天、人與神、人與鬼的接觸興起，那是一種宗教儀式，是人生界與宇宙界感通的一條路程。但若人類內心沒有一種積極蘄嚮的仁，便無從有這許多禮。孔子只為把此禮之意、禮之內心、禮之所由起之一關參透了，又把禮的精義轉移擴大到人生界，教人在人生相與中，明白得有一條彼我相交接，而又為彼我所不得逾越之一線，此即孔門儒家之所謂「禮」。孔子教人，回過頭來盡其在我，只在我的一邊用力。設若只想要衝破這一線，自己一面的必然而可能的反而懈棄了，而線那邊之不可必得的卻依然不可必得，那是不仁無禮，而同時也未必有利的。

在中國思想裏，好像很少注重到自由。其實孔子說「克己」（克，克也，勝也。把自己私的一面克去，莫要讓它放肆。是克己。）「由己」，（克己便兼顧到人，但實行只在己一面，是由己。）即就是自由。孔子認為人生只能有有節限的自由。「命」與「禮」是節限，「仁」是自由。為仁是全由自己的，仁是盡人可能而必然可得的，只要把自己先安頓在此節限之內。而此種節限，亦是先照顧到人的一邊而始存在的。人生在宇宙間的節制是「命」，個人在人生中的節限是「禮」，個人在人生與宇宙中的盡量的自由是「仁」。

人在節限中獲得其盡量之自由，這是一種樂。故孔子言禮必連言樂。人須認識得此節限是智，故孔子言仁必連言智。西方思想偏向外，所以更喜言智與樂。中國思想偏向內，所以孔子更喜言仁與禮。

死生之際之推擴，便是天人之際。孔門言仁必言孝，言禮則必言葬與祭。葬與祭是活人對死人的交道。活人對死人打交道，是絕對無功可圖的。絕不圖功利，纔是人情之醇化，纔見其為仁。中國古語說：「一死一生，乃見交情。」葬與祭是死生之際的交情，那纔見其為眞交情，纔是絕不從功利起見之眞交情。所以說：

生事之以禮，死葬之以禮。（論語為政）

愼終追遠，民德歸厚矣。（論語學而）

民德之厚始見仁。

我們若把孔子思想和上述子產、叔孫穆子相比，顯見已有了絕大的進展。子產、叔孫穆子是智者分上事，孔子是仁者分上事。「仁」的觀念，由孔子特別提出，那是中國思想史裏最中心最主要的一觀念。子產要探索到鬼神之由來及其情狀，孔子則只就人之內心之情感方面著想，更不必深究鬼神之情狀。死生之際，天人之際，也如人與人相交般，只要自盡我心，自竭我情。叔孫穆子尚顧念到人生之如何不朽，孔子似乎不再注重這一節，只要自盡我心，自竭我情，求仁而得仁，在我已當下圓滿，至於立德、立功、立言而使得後世人不忘，此是後世事，非我事。我只盡其在我，得其在我，有生必有死，死後是否能不朽，那是天與命的範圍，在孔子也所不問了。

七　戰國時代

戰國時代，是中國思想史裏極光明燦爛的時代。因為有了孔子，遂開出戰國思想之繁花，結成戰國思想之美果。戰國思想，有些在反對孔子，有些在闡揚孔子，我們將依次敘述。

八　墨子

緊接著孔子而來，極端反對孔子的，是墨子。

孔子講仁，墨子講「兼愛」。「兼愛」之反面是「別愛」。墨子認為儒家言仁，雖說是一種博愛，而此種愛仍是有分別的。愛自己的父母，必勝過愛別人之父母。愛自己的家庭，必勝過愛別人之家庭。愛自己之國，必勝過愛別人之國。如是則國與國相爭，家與家相競，人與人相別。不必個人主義纔始產生人類之自私自利。儒家言仁，也將助長人類之自私與自利。故墨子主張兼愛，此是一種無分別之愛。故墨子主張：

視人之父若其父。

「老吾老以及人之老」是別愛，這是一種有差等的愛。「視人之父若其父」，纔始是兼愛，是平等愛。但別人的父母，不是和自己的父母顯然有分別麼？墨子又如何教人「視人之父若其父」呢？在墨子之意，若從人生界看，固見人生有差別相，若從宇宙界看，則人生將只見平等相。因此墨子又提出「天志」的觀點來，作為他兼愛理論之張本。他說：

天兼天下而愛之。（墨子天志中）

何以呢？

天兼天下而食焉，我以此知其兼愛天下之人也。（墨子天志下）

天既把人類平等看，而人類自偏要相互差別看，所以墨子說：

今天下之士君子，知小而不知大。

孔子是把人的立場、人的標準來講人道，所以主張仁。墨子則從天的立場、天的標準來講人道，所以主張兼愛。換言之，孔子從人生界立論，墨子卻改從宇宙界立論。

主張兼愛，一切平等，視人之父若其父，便不該有禮，禮正代表著一種人與人間之差別。在墨子看來，禮是人類生活中的一種奢侈，尤其是儒家主張的葬祭之禮，剝奪活人的生活資料來供奉死人，這不是奢侈嗎？所以墨子一面雖主張「明鬼」，主張：

上尊天，中事鬼神，下愛人。墨子因主張有天，所以亦主張有鬼。（墨子天志上）

但又提倡節葬。他說：

古者聖王制為節葬之法，曰：衣三領足以朽肉，棺三寸足以朽骸，掘穴深不通於泉流，不發洩則止。死者既葬，生者毋久喪用哀。（墨子節用中）

墨子主張節葬的用意在節用。墨子站在「節用」的觀點上來非禮、非樂。墨子要人「視人之父若己之父」，其實則做到「視己之父若人之父」了。墨子主張愛要平等無差別，但為實際上外面的經濟物質條件所限，亦為內面的自己心情之能量所限，不能平等加厚，則只有平等減薄。不能厚待別人父親像自己父親般，則只有薄待自己父親像別人父親般。換言之，則是不當他自己父親看，只當他像別人父親看。所以孟子說：

> 墨氏兼愛，是無父也。（孟子滕文公）

「無父」是指斥他的無差別相，即是墨子理想中的平等境界。

但墨子並非空發此論，墨子實在能躬行實踐。莊子說墨子：

> 使後世之墨者，多以裘褐為衣，以跂蹻為服，日夜不休，以自苦為極。（莊子天下）

可見墨子精神，不僅在減薄自己父親的待遇，也減薄了自己的待遇。他不能讓人平等過高水準的生活，便只有先教人平等過低水準的生活。他以身作則地教人來過一種最低標準的人生，即是日夜不休以自苦為極的人生。但這那裏是人生理想呢？不是以愛人之名，而轉近於不愛人之實嗎？墨子道：不！

昔者禹之湮洪水，決江河，而通四夷九州也，名山三百，支川三千，小者無數。禹親自操槖耜而九雜天下之川，腓無胈，脛無毛，沐甚風，櫛疾雨，置萬國。禹大聖也，而形勞天下也如此。（莊子天下）

禹不是大家所崇拜的大聖人麼？禹之治洪水，不是為兼愛天下之眾的麼？禹如此般的形勞吃苦，這該即是我們人類理想的生活標準。所以說：

不能如此，非禹之道也，不足謂墨。（莊子天下）

但後來莊子批評他說：

其生也勤，其死也薄，其道大觳。使人憂，使人悲，其行難為也，恐不可以為聖人之道。反天下之心，天下不堪。墨子雖能獨任，奈天下何？離於天下，其去王也遠矣。（莊子天下）

這是說：墨子雖存心為天下人著想，但天下人之心，卻不能接受墨子那般的想法呀！

近代有人說，墨學很像耶教，但墨子從未想像到人生世界以外的另一個人生，他從未提供到死後的天堂與樂園來作現世人生之補償。他刻苦了人生，沒有鼓舞著人死。在這上，墨子依然在東方思想裏，他只能做東方一聖人，不配做西方一教主。

九　楊朱

緊接著墨子的有楊朱。墨子極端反對孔子，楊朱卻又極端反對墨子。墨子講「兼愛」，楊朱則講「為我」。孟子說他：

拔一毛而利天下，不為。（孟子盡心）

可惜楊朱思想的詳細記載失傳了，使我們無法詳述。想來墨子主張兼愛，要人效法天帝的意志，但人類本身既非天非帝，自然無從效法天帝，於是反激出楊朱。他認為人只是人，我只是我，只求人人自愛，各自為我，則世界自治，天下自平。誰也用不著管誰，誰也用不著愛誰。「兼愛」之極，要視人父若其父。「為我」之極，便要不肯為天下拔自己身上一根毛。墨子雖主張兼愛人，但卻干涉人，要人都以自苦為極。楊朱雖不主張對人愛，卻亦不干涉人，讓人各自為我，各自自愛。墨子連自己和自己的父母都不許愛，只要你愛天下之大眾。他說：「你兼愛天下，即你自身和你父親也連帶在內了。」楊朱則只獎勵人自愛，連身上一根毛都愛，認為人人能如此，便不煩再互相愛了。當時墨子之說極盛行，連帶楊朱學說也極盛行。孟子說：

> 楊朱、墨翟之言盈天下。天下之言不歸楊則歸墨。楊氏為我，是無君也。墨氏兼愛，是無父也。無父無君，是禽獸也。（孟子滕文公）

這是說依隨墨子思想，將破毀家庭。依隨楊朱思想，將破毀政治。無論破毀那一端，都將破毀羣道。羣道破毀，則人將與禽獸無別。他又說：

> 楊、墨之道不息，孔子之道不著。能言距楊、墨者，聖人之徒也。（孟子滕文公）

從孟子言下，可見當時楊、墨思想之風靡一世。

一〇 孟子

緊接著楊、墨，又來了孟子，他反對楊、墨，重復回歸到孔子。孟子思想的新貢獻，在他的「性善」論。孟子說：

> 人之所不學而能者，其良能也。所不慮而知者，其良知也。孩提之童，無不知愛其親也。及其長也，無不知敬其兄也。親親，仁也。敬長，義也。無他，達之天下也。（孟子盡心）

「愛」與「敬」是人心所固有，所同有。從愛生「仁」，從敬生「義」。只要把仁與義推擴到全人生，人生問題也沒有不能解決的。愛與敬便是孟子之所謂「善」。

但孟子並未說人心所固有同有者全是善，孟子只說善亦從人心所固有同有中出。什麼是善呢？孟子說：

可欲之謂善。（孟子盡心）

人心之所同然者之謂善。

心之所同然者何也？謂理也，義也。聖人先得我心之所同然耳。故理義之悅我心，猶芻豢之悅我口。（孟子告子）

此項人心之所同以為然而覺得可欲者，又為盡人內在所皆有。

惻隱之心，人皆有之。羞惡之心，人皆有之。恭敬之心，人皆有之。是非之心，人皆有之。惻隱之心，仁也。羞惡之心，義也。恭敬之心，禮也。是非之心，智也。仁義禮智，非由外鑠我也，我固有之也。（孟子告子）

故一切善皆從人心中來，皆從人心中自然演出。不必像墨翟、楊朱般，另提出一個高深的理論來教人所難能，只就人心所同以為然，所大家喜歡，而又大家能之的，來提醒指點便是。這正合孔子所主仁、智兼盡的理想。孟子嘗從其想像中描繪出由人心中自然演出善來之一個具體例證。他說：

> 蓋上世嘗有不葬其親者，其親死，則舉而委之於壑。他日過之，狐狸食之，蠅蚋姑嘬之，其顙有泚，睨而不視。夫泚也，非為人泚，中心達於面目。蓋歸反虆梩而掩之。掩之，誠是也。則孝子仁人之掩其親，亦必有道矣。（孟子滕文公）

本來人並不懂有葬親之禮，父母死則棄之坑谷。孟子設想，有一天，有一人偶經坑谷，見他父母親的死屍，正為狐狸所食，為一羣蠅蚋攢聚而嘬，他忽然心中覺得難過，額上泚泚然出了好些汗。那些汗，在他額上泚出，當知並不是為什麼禮教束縛，那時還沒有聖人在教仁教孝，定禮作制，強要人葬其死親。那些汗，全是此人良心發現，直從他心臟跳動，而引致他額上的那些汗來。於是那人纔歸到他住處，拿些籠插之屬，來把他死親屍體埋了，這便是仁，便是孝，便是葬禮之所由起。

我們可以根據孟子那番想像繼續推演。讓我們想，那人掩埋了他死親之屍，以後他自會把他那番經歷告訴給別人。別人聽了，自會猛憶起自己也有死親扔棄在野，他們也自會激發同情，趕快把他們以前扔棄的死親之屍掩埋。如此一傳十，十傳百，葬禮遂成為一種風俗。那首先第一人，埋其死親的，便是個「聖人」，便是先得了「人心之所同然」，葬禮便是一件「可欲」的事。人類社會的一切善，都是像此般演出。所以孟子說：

舜之居深山之中，與木石居，與鹿豕遊，其所以異於深山之野人者幾希。及其聞一善言，見一善行，若決江河，沛然莫之能禦。（孟子盡心）

說：

舜是中國史上上古一聖人，在舜以前，中國並沒有許多聖人，制定許多禮教，發揮出許多道德理論，舜何以憑空能成為一聖人的呢？只為善是人心中所固有，所同有。在舜以前，有許多善，早就在他人心中發芽抽條。舜的心，比較別人更開敞，更鬆靈，別人心裏的善種，飄落到他的心田，便會生根滋長。不！這猶如電流交感，舜的心靈中本亦有善種，一經外面之呼喚而覺醒了。孟子又引伊尹一番話說：

天之生此民也，使先知覺後知，使先覺覺後覺。予，天民之先覺者也，予，將以斯道覺斯民也。（孟子萬章）

人心皆有善，只「覺」有先後。此種覺由微而著，由小而大。舜並不完全是先覺。孟子說：

大舜有大焉，善與人同，舍己從人，樂取於人以為善。（孟子公孫丑）

舜之善的知識，有許多還是從別人心中來。還是由別人之善感發而興起。大舜之大，正在其能「取人之善以為善」。人心有同然，舜之舍己從人，是舍己之未與人同的，而改取了其與人相同的。如是則舜也還是個後覺。如是則人類中最早第一個先覺究是誰呢？這在人類文化歷史上是無名可指的。眞個先覺者，只好說是人之「心」。換言之，這是人之「性」。孟子又說：

> 堯、舜，性者也。湯、武，反之也。（孟子盡心）

又說：

> 堯、舜，性之也。湯、武，身之也。（孟子盡心）

因為歷史茫昧，積微成著。遠古之善，尙是微而未著，難以確指。堯、舜是上古之聖人，好像堯、舜之善，堯、舜之為大聖，是前所未有，是純由其天性之自發。故曰「堯、舜性之」。湯、武則是中古之聖人，湯、武以前已有堯、舜，湯、武聞堯、舜之善言，見堯、舜之善行，反之於身，而誠見其可欲，而感到樂莫大焉，故說湯、武是「反之」，是「身之」的。孟子曰：

萬物皆備於我矣，反身而誠，樂莫大焉。（孟子盡心）

物卽指人生品德之一切標準而言，凡屬人生界一切公認為善與德之標準，其實皆從人心中來，因此在我莫不備有。我們若反身體認，覺得別人所提倡所公認的這許多善與德之標準，皆是恰如我心之所欲，又恰為我心之所有。如是，我便感到內外如一，外面一切善與德，便恰如我的心般，眞實不虛，此卽所謂「反身而誠」，那豈有不大樂的呢？所以善與德之在人生界，自然會由微日著，正如水流歸海，行乎其所自然，「行其所無事」，沛然若決江河了。

告子曰：「性猶湍水也，決諸東方則東流，決諸西方則西流，人性之無分於善不善也，猶水之無分於東西也。」

孟子曰：「水信無分於東西，無分於上下乎？人性之善也，猶水之就下也。人無有不善，水無有不下。今夫水，搏而躍之，可使過顙。激而行之，可使在山。是豈水之性哉？其勢則然也。人之可使為不善，其性亦猶是也。」（孟子告子）

這是孟子就人性之傾向言。孟子未嘗不知人性也可使為不善，但就人類文化歷史演進之大趨勢看，從人之內心之眞實要求看，我們不能不承認人性在向善的一邊發展。只有向善的一邊發展是更屬自然的。所以孟子說：

乃若其情，則可以為善矣，乃所謂善也。（孟子告子）

我們儘可說人性開始並不善，但到底終不能說人性是不能為善呀！人性可為善，也可為惡，但就人類歷史文化之長程大趨勢而言，人性之向善是更自然的。此即孟子性善論的根據。人性之趨惡，是外面的「勢」。人性之向善，則是其內在之「情」。

孟子道性善，言必稱堯、舜。（孟子滕文公）

他說：

凡同類者舉相似也，何獨至於人而疑之？聖人與我同類者。（孟子告子）

他又引顏淵曰：

舜何人也，予何人也，有為者亦若是。（孟子滕文公）

我們若承認聖人有善有德，便不該不承認人人皆可有善有德。因為聖人不是天，不是上帝，他還是同樣的一個人呀！所以說：

人皆可以為堯、舜。（孟子告子）

此是主張性善論者所必有之結論。除非我們信仰人類根本不能有善與德，善與德只在上帝身邊，如西方宗教之所說，否則孟子的性善論，實在有它顛撲不破之真理。

然而孟子也只說「人皆可以為堯、舜」，「乃若其情則可以為善」，孟子並未說天地生人全都是堯、舜，人性全都是善。孟子只說可以為善，還得要我們自肯有為。故孟子說：

君子所以異於人者，以其存心也。君子以仁存心，以禮存心。仁者愛人，有禮者敬人。愛人者人恒愛之，敬人者人恒敬之。有人於此，其待我以横逆，則君子必自反也，我必不仁也，必無禮也，此物奚宜至哉？其自反而仁矣，自反而有禮矣，其横逆猶是也，君子必自反也，我必不

忠。自反而忠矣，其橫逆猶是也，君子曰：「此亦妄人也已矣，如此則與禽獸奚擇哉？於禽獸又何難焉。」（孟子離婁）

可見孟子也承認人類中依然有「與禽獸奚擇」的。只是君子不在這些上計較。君子只注意人類全體之大趨勢。君子只認定我自己該如何做。孟子又說：

生，亦我所欲也，義，亦我所欲也。二者不可得兼，舍生而取義者也。（孟子告子）

可見孟子又還承認人生界也有時要迫得我們不得不「捨生取義」的。但我們卻為何定要捨生取義呢？在這裏，可見儒家雖非宗教，而實帶有一種宗教的精神。而且這是宗教中一種最高的精神。我們也可說，儒家是一種人文宗教，「人性善」是他們最高的宗教信仰，「殺身成仁」與「捨生取義」，是他們最高的宗教精神。所以孟子說：

待文王而後興者，凡民也。若夫豪傑之士，雖無文王猶興。（孟子盡心）

待天下太平了，我再做個善人，那是凡民皆能的。在亂世，還肯奮發向善，而且肯犧牲生命來向善，那只有希望少數豪傑之士了。

一一 莊子

與孟子略同時，又有莊子。莊子思想，既不偏孔、孟一邊，也不偏楊、墨一邊，又另有他的自己的一套。

孔、孟、楊、墨，其實全都偏在人生界，莊子思想卻能更多注意到宇宙界。他常縱任他想像之所能及，來渲染此宇宙之無限。空間無限，時間無限，由此對比，顯映出人生界之渺小與短暫，人生之有限。有限的人生，如何能瞭解得無限之宇宙？而人生則正安放在此宇宙中。我們既不知自己那個安放處，自難把自己安放好，由此莊子遂提出他許多對智識論上的問題來。他說：

知人之所為也，以其知之所知以養其知之所不知，是知之盛也。（莊子大宗師）

人生有限，因此知識也有限。人應該自知此有限，自安於此有限，慎勿把有限的「知」來侵犯妨害到此有限外之無限的「不知」。這是人類知識最高的可能，亦是人類知識所最應有的警覺。人若強不知以為知，要試圖侵越此知之限界，則橫在人生前面的只是一個危殆。莊子說：

吾生也有涯，而知也無涯。以有涯隨無涯，殆已。已（此「已」字作「如此」解）而為知者，殆而已矣。（莊子養生主）

現在且說莊子所指出的人類知識之兩大限界。第一是「死與生」，這是時間上的限界。莊子說：

予惡乎知說生之非惑邪？予惡乎知惡死之非弱喪而不知歸者邪？予惡乎知夫死者不悔其始之蘄生乎？（莊子齊物論）

生人不知死事，此是智識上之第一限界。第二是「物與我」，這是空間上的限界。莊子說：

民溼寢則腰疾偏死，鰌然乎哉？木處則惴慄恂懼，猨猴然乎哉？三者孰知正處？民食芻豢，麋鹿食薦，蝍且甘帶，鴟鴉耆鼠，四者孰知正味？猨，猵狙以為雌，麋與鹿交，鰌與魚游。毛嫱、麗姬，人之所美也，魚見之深入，鳥見之高飛，麋鹿見之決驟。四者孰知天下之正色哉？

（莊子齊物論）

在時間上，這一時不知那一時。在空間上，這一處不知那一處。我不能眞切知道非我之物與彼，此是智識上第二限界。莊子說：

> 庸詎知吾所謂知之非不知邪？庸詎知吾所謂不知之非知邪？（莊子齊物論）

我們在此時此處之所謂「知」，在別時別處，或許將轉成為「不知」。人類知識既不足憑，其由知識所連帶引起的「好惡」之情，以及「是非」之見，將更不足憑。

死生與物我，智識上此時空之兩大限界，莊子歸納稱之曰「彼是」。莊子說：

> 物無非彼，物無非是。自彼則不見，自知則知之。故曰：彼出於是，是亦因彼。彼是，方生之說也。（「方生」是同時並起義。）雖然，方生方死，方死方生。方可方不可，方不可方可。因是因非，因非因是。（莊子齊物論）

人生根本不能脫離時空之有限性。在此時空限界之這一邊的是我與生，莊子稱之曰「是」。（此時與此處。）在此時空限界之那一邊的，是物與死，莊子稱之曰「彼」。他時與他處。因此有「是」必有「彼」，有「彼」必有「是」。「彼」「是」同時並起，而且平等存在。在此則此曰是，在彼則彼曰是。「彼」「是」雙方又可以對等互易。但人之情感知識，常見此為是而可好，彼為非而可惡。其實此非與惡之情見，早已侵越了知之界限而闖進我們所不可知之對面去。我們對知識限界之那一面，既本無所知，又何從認其為非而可惡呢？此種錯誤，是只知依照著人生界而起。人類每每喜歡把人生界來推概宇宙界，喜歡把有限來推概無限。此卽莊子之所謂「以有涯隨無涯」了。我們若能改就無限的立場，依照宇宙界，則根本將無此分別，無此限界。但宇宙中既確有此人生界，而我們又確然存在於此人生界之內，我們便不能不在人生界中承認有這一面。卽我與生，此時與此處。卽但我們也該從宇宙界的立場來同時承認有那一面。卽物與死，彼時與彼處。卽如是則將見在無限界中之有限界，變成無處無時不是，抑且無處無時不可好。莊子說：

是以聖人不由，卽不由專就人生界之立場來看外面之一切。而照之於天，卽改就宇宙界立場看。亦因是也。（莊子齊物論）

若由純乎天的立場，卽宇宙界的立場，則根本無「彼」「是」之分。現在是站在人生界中而同時采用宇宙界的立場，則此人生界將無時不是一是，無處不是一是。故莊子說「亦因是也」。純乎人生界的知識範疇，是因乎「是」而有「非」，因乎「非」而有「是」。純乎宇宙立場，則並無是非之分。現在是把人生界妥當安放在宇宙界裏，則可以各有其所是，而不必各有其所非。此亦是一種「因是」，但與「因是因非」之「因是」不同。一面是因有所是而有非，因有所非而有是，此則只因其所是而不再有所非。如是則一切皆「是」，更無有「非」。故莊子說：

物固有所然，物固有所可。無物不然，無物不可。恢恑憰怪，道通為一。其分也成也，其成也毀也。凡物無成與毀，復通為一。通也者得也，適得而幾矣。因是已。（莊子齊物論）

人生界有得必有失，有是必有非，有好卽有惡，其實是誤在其有所知卽有所不知上。莊子的理想人生，是只有得而更無所失。此種得，乃人生界從宇宙界中之所得。莊子稱之為「適得」，「適得」是一種無心於得之得。並不是先有所好、所是後之得，而是偶然適得，所得的便是「是」。「因是已」，是卽此而止，卽其所適得而止。不再從所得侵越到其所未得，而橫生一種好惡是非之妄見。所得為「生」，「生」卽是一是，卻不就此認「死」卽是非。所得為「我」，「我」卽是一是，卻不就此認「物」卽是非。因死生物我，同樣在此宇宙界中，同樣是一天。這一種境界，莊子稱之為：

天與人不相勝，是之謂眞人。（莊子大宗師）

若站在純宇宙的立場，而剗滅了人生界，則將一無所得，一無所是。現在是僅有得而無失，僅有是而無非。一人如此，人人如此，一物如此，物物如此，宇宙之極無，轉變成人生之極有。莊子說：

彼是莫得其偶，謂之道樞。樞始得其環中，以應無窮。（莊子齊物論）

宇宙是無限的，所以每一個「是」，即每一個此時與此處。莫非站在此大無限之中心。一切皆站在此大無限之中心，即一切平等，而非一切相對。「環中」是無相對的，因他是個中心。但亦非絕對的，因他只是個中心。人生界是有限的，有限不能應無窮。宇宙界是絕對的，絕對亦不能應無窮。這是把此有限安放在無限之中心，既無相對，又非絕對，纔能「應無窮」。一切皆中心，一切是無窮。故莊子說：

是以聖人和之以是非而休乎天鈞，是之謂兩行。（莊子齊物論）

「鈞」是鈞陶的鈞。陶人模下那個圓轉的物是「鈞」。天地間一切現象，轉動不居，都賴有一中心。而天地間一切物，卻全是一中心。我們不瞭解，總想把自己作中心。自己誠然是一中心，但不該只承認此一中心來抹殺其他一切中心。但也不必因天地間另有其他許多中心而抹殺了自己此一中心。這便是莊子之所謂「兩行」。「兩」即是「彼」「是」之兩，「兩行」不是兩兩相對。兩兩相對，免不了矛盾與衝突。此「兩」是一中心、一外圍，卻可圓轉自如。天地間一切物，各是一中心，各有一外圍，各各可以圓轉自如。莊子之所謂「兩行」，正是中庸所謂「萬物並育而不相害道並行而不相悖，」的意思。

莊子既主「因是」與「兩行」，故又主張「無適」。他說：

> 無適焉，因是已。（莊子齊物論）

「適」是由此往彼之義。現在則無所往而不是一中心，因此不必有所往，即是「無適」。「無適」則此此止於此，彼彼止於彼，彼是兩行，各止其所，莊子又稱之為「約分」。莊子曰：

> 道人不聞，至德不得，大人無己，約分之至也。（莊子秋水）

「分」是分際限界。每一有限，都有其分際限界。莊子的人生理想，要人各自約限於自己分際之內，不必再有所向往。但此一分際，約之又約，便只成了此時與此處，一時空之交點。此一時空交點，根本無常，根本變動不居。莊子亦說：

> 物量無窮，時無止，分無常，終始無故。（莊子秋水）

時行無止息，終始無故態，物量無窮，其所得分際亦無常，此四語，道出了整個宇宙中一切現象之不居常態。莊子要人把自己約限於其本有分際之內，而此一本有分際恰又變動不常，由此纔可進一步講到莊子之另一觀點，即莊子之所謂「化」。莊子自己說：

昔者莊周夢為胡蝶，栩栩然胡蝶也，自喻適志與！不知周也。俄然覺，則蘧蘧然周也。不知周之夢為胡蝶與？胡蝶之夢為周與？周與胡蝶，則必有分矣，此之謂物化。（莊子齊物論）

莊周與胡蝶必有分，但為莊周時便是莊周，為胡蝶時便是胡蝶，各因其是，各約於其所得之分之內，各不相適，豈不甚好？現在必問是莊周變了胡蝶，如是則莊周是而胡蝶非，莊周侵入了胡蝶分內。還是胡蝶變了莊周，如是則胡蝶是而莊周非，胡蝶侵入了莊周分內。宜乎是非好惡，紛然而起，昧然而無所定了。這些都是不知化。莊周說：

物之生也，若驟若馳，無動而不變，無時而不移。何為乎？何不為乎？夫固將自化。（莊子秋水）

化根本是不由人主宰的。莊子的理想人生，則在「與化為人」。「與化為人」者，化是宇宙界，是人生外面之大環，在此大環中得安放，便是「與化為人」。人生之大患，在只認此有限之人生，而不認此無限之大化。在只認此有限人生之中心，而不認此無限大化之外環。如是便不是「與化為人」。莊子言「化」，又言「氣」。宇宙界只是此一氣在化。他說：

通天下一氣耳。（莊子知北遊）

物我彼是，皆在此一氣之化中。莊子的理想人生，則在：

與造物者為人，而遊乎天地之一氣。（莊子大宗師）

與造物者為人，便是「與化為人」。遊乎天地之一氣，便是：

止乎無所化。（莊子達生）

便是：

遊於物之所不得遯而皆存。（莊子大宗師）

萬物之化，終不出此一氣。所以自萬物言，則在日化之中。自此一氣言，則無所化。故惟：

日與物化者，一不化者也。（莊子則陽）

人之形骸日在化之中，人能遊於不化，則是「遊於形骸之外」。由是我們可以再進一步說到莊子之又一觀點，此即莊子之所謂「神」。

莊子書中之神，實非鬼神之神，而乃一「與化為人」之人。他引肩吾問連叔的一段話說：

藐姑射之山，有神人居焉，肌膚若冰雪，淖約若處子，不食五穀，吸風飲露，乘雲氣，御飛龍，而遊乎四海之外。其神凝，使物不疵癘而年穀熟。（莊子逍遙遊）

怎麼能有這樣的神人的呢？莊子在另一處引子列子、關尹子的問答說：

子列子問關尹曰：「至人潛行不窒，蹈火不熱，行乎萬物之上而不慄，請問何以至於此？」關尹曰：「是純氣之守也。凡有貌象聲色者，皆物也。物之造乎不形，而止乎無所化，夫得是而窮之，物焉得而止焉？彼將遊乎萬物之所終始，壹其性，養其氣，合其德，以通乎物之所造。夫若是者，其天守全，其神無郤，物奚自入焉。夫醉者之墜車，雖疾不死，骨節與人同，而犯害與人異，其神全也。乘亦不知也，墜亦不知也，死生驚懼，不入乎其胸中，是故遻物而不慴。彼得全於酒，而猶若是，而況得全於天乎？聖人藏於天，故莫之能傷也。」（莊子達生）

這一種至人、神人，莊子有時又稱之為眞人或天人。其實不過是「與化為人」之人。此種人，我們亦可稱之為宇宙人，而非世間人。聖人遊乎方之內，遊乎形骸之內，依然是人世間的人，依然是一物。神人遊乎方之外，遊乎形骸之外，雖在人生界，雖還是一個人，但已超越人生界而遨遊乎宇宙界。那種人，莊子謂之天人，謂之神人。如何成得一天人與神人，此須瞭解莊子之知識論。中國後代的神仙思想，全由莊周引起，雖不盡是莊周之原來想像，但神仙思想實導源於莊子，這也是中國思想史裏一特點，應該在此述及。

故莊子書中的神人，依然是一個人，只是其心知經過了人文洗煉，而仍想逃返自然的理想的自然人。因此與其說莊子思想在反知，毋寧說他在更讚頌知。所以莊子說：

小知不及大知。（莊子逍遙遊）

有眞人而後有眞知。（莊子大宗師）

如是則莊子書裏的神仙，依然是一個人，依然從人世界產生，不從另一世界降來，這就說明了莊子思想依然是中國思想。因此莊子雖喜講宇宙界，但莊子絕沒有西方宗教氣味，而且是絕端的無神論者。但莊子思想亦不能走上西方近代自然科學之道路。明白言之，莊子思想實在還是人文精神的。

我們若說孔、孟、楊、墨所講是一種「道德人生」，則莊子所追求的是一種「藝術人生」。其實莊子思想裏，有許多點很近似孔子。儒家本有兩方面，「用之則行」、「達則兼善天下」，是一面。「舍之則藏」、「窮則獨善其身」，是又一面。莊周書中頗多稱引孔子、顏淵，只是注重他們的消極面，不注重他們的積極面。注重在藏與獨善，不注重到行與兼善。墨翟注重行與兼善，或者楊朱早就注重到藏與獨善。說不定楊朱是莊子思想之前驅。可惜文獻不足，無從詳證了。但在此可說者，莊子之藏，是把此有限人生，妥善地藏在無限的大宇宙中。這點，決然為楊朱所未經闡發的。孔子只是藏在人生中，所以是道德人生。莊子則藏在宇宙中，所以是藝術人生。

若說中國思想對世界思想史有貢獻，無疑的，其最大貢獻，多在人生界，不在宇宙界。人生界之積極方面，是道德人生，其消極方面，則為藝術人生。墨家思想衰落了，墨家精義，多為儒家所吸取而融化。於是將來的中國思想界，遇盛世積極，則講道德人生，都崇尚孔孟儒家。遇衰世消極，則轉講藝術人生，偏向莊老道家。因此以後的中國思想界，遂形成了孔孟與莊老遞興遞衰的局面。

一二　惠施與公孫龍

莊子同時，有一思想密友惠施。但兩人思想態度絕不同。莊子近似孔子，其思想都從實際人生之體驗中來。惠施近似墨子，他的思想，都從思辯理論上來。墨家思想，頗有些近似西方哲學家之邏輯方法，惠施更就這一面推闡盡致，在當時見稱為「辯者」，在後代被目為「名家」。莊子稍後有公孫龍，也是「名家」著名的代表。

莊子喜歡講萬物一體，惠施也喜歡講萬物一體，但兩人講法不同。莊子說：

自其異者視之，肝膽楚越也。自其同者視之，萬物皆一也。（莊子德充符）

又曰：

假於異物，託於同體。（莊子大宗師）

可見莊子論萬物一體，是對外面事相之實地觀察，是對人類心情知見之深一層的分析。惠施則謂：

至大無外，謂之大一，至小無內，謂之小一。（莊子天下）

大同而與小同異，此之謂小同異；萬物畢同畢異，此之謂大同異。（莊子天下）

氾愛萬物，天地一體也。（莊子天下）

可見惠施所謂萬物一體，是從名言分析，從人類語言涵義之引伸的必然結果而言。其實人類的語言名字，根本並不能恰恰符合人類的心情知見。若偏就語言名字無限引伸，是很容易與人類原本的心情知見違逆的。故莊子非之，稱其：

飾人之心，易人之意，能勝人之口，不能服人之心，辯者之囿也。（莊子天下）

莊子與惠子遊於濠梁之上，莊子曰：「儵魚出游從容，是魚樂也。」惠子曰：「子非魚，安知魚之樂？」（近代西方唯心哲學便謂心非物，因此也不能知物。）莊子曰：「子非我，安知我不知魚之樂？」（即就語言，破其語言，是為以子之矛攻子之盾。此是淺一層的戲論。）惠子曰：「我非子，固不知子矣，子固非魚也，子之不知魚之樂全矣。」莊子曰：「請循其本。（此始不就語言，而就心情知見之眞實經驗處講，是為深一層的正論。從知見之本原處講。）子曰『汝安知魚樂』云者，既已知吾知之，而問我，我知之

濠上也。」若照莊子意，我心既已確知有外面之物，便不必追問其如何知。（莊子秋水）

這一節答辯，正可說明莊、惠兩人思想態度之根本不同點。惠施總愛在名字言辯上著想，故說「子非魚，安知魚之樂」，莊子則直從實際的心經驗中透悟，故說「我知之濠上」。莊子在濠梁之上，親自看到鯈魚出游從容，而從其內心眞切感到魚之樂。惠施卻偏說「子非魚，安知魚之樂？」這豈不是「飾人之心，易人之意，能勝人之口，不能服人之心」之一具體例證嗎？而且惠施問莊子：「汝安知魚之樂」，則明知莊子知魚之樂而起問，這已自相矛盾了。郭象曾代莊子答辯，云「汝非我，又如何知我之非魚」，這亦有理趣。總之專從人類語言名字分析上，過細推展引伸，結果常易犯此病。

在惠施之後，又有公孫龍，與惠施齊名。他們的思想，一樣都從名字言辯上作根據。惠施喜歡把異的說成同，公孫龍卻喜歡把同的說成異。他最喜歡講「白馬非馬」。他說：

> 求馬，黃、黑馬皆可致。求白馬，黃、黑馬不可致。使白馬乃馬也，是所求一。所求一，而黃、黑馬，有可有不可，何也？求馬，則黃、黑馬可致，求白馬則黃、黑馬不可致，可證所求非一。故黃、黑馬一也，而可以應有馬，不可以應有白馬，是白馬非馬審矣。（公孫龍子白馬論）

其實公孫龍此辨，在西方名學上亦有根據。英人穆勒作名學，力辨名乃「物名」非「意名」。公孫龍實乃「意名」論者。就求白馬者之心意言，則白馬非馬。物名是客觀的，可推。意名乃主觀的，不可推。名學中論名有內包、外延之別。內包主其所涵，則白馬非馬。外延主其所舉，則白馬是馬。名學推理皆就外延，公孫龍則改就內涵，理據不同。公孫龍又說：

物莫非指，而指非指。（公孫龍子指物論）

一切物名，皆由人心意有所指。若無人心意所指，則根本物名不起。但人心意所指，則各各相別。此人所指，未必即彼人之所指。此刻所指，未必即彼刻之所指。則此指非彼指，故說「指非指」。如是則不僅白馬非馬，抑且白馬非白馬。於是公孫龍又有「離堅白」之說。他說：

視不得其所堅而得其所白者，無堅也。拊不得其所白而得其所堅者，無白也。（公孫龍子堅白論）

目視石，得其白，不得其堅。手拊石，得其堅，不得其白。視石的稱石，是指「白」而言。拊石的稱石，是指「堅」而言。名同而指不同。於是公孫龍又有他的「名實論」。他說：

名，實謂也。知此之非此也，知此之不在此也，則不謂也。知彼之非彼也，知彼之不在彼也，則不謂也。

故彼彼止於彼，此此止於此。（公孫龍子名實論）

如目視石，其意實指石之白。手拊石，其意實指石之堅。目視的說石，其所指實不在堅。手拊的說石，其所指實不在白。如是則「石」之一名之內，並不兼包有堅、白。故公孫龍主張「離」，主張「止而不推」。這一說法，初看很近莊子所謂「因是已」之說。公孫龍雖屬名家，實把根據名來推理的基本理論徹底推翻了。但莊子決不會喜歡公孫龍的那一套，（今莊子書中有力斥公孫龍的。並非莊子手筆，乃莊子後學所為。）並因公孫龍理論，還是根據名字言辨出發，而來推翻名字言辨。莊子思想則根本不從名字言辨出發，而卻也沒有像公孫龍那樣太抹殺了名字言辨之用，所以莊子說：

筌者所以在魚，得魚而忘筌。蹄者所以在兔，得兔而忘蹄。言者所以在意，得意而忘言。吾安得夫忘言之人而與之言哉！（莊子外物）

他又說：

書不盡言，言不盡意。

言由意而生，言所代表者是意，然言常不能盡意。我們正貴在此不盡意的言中，來求得其所代表之意，乃及其言外不盡之意。公孫龍則似乎認為言卽是意，意盡於言，如是則不免要死於言下，轉因言而失意。他的言辨，自然仍如惠施般，足以服人之口，不足以服人之心了。

從思想脈絡看，先秦名家，其實從墨學變來。墨家主「兼愛」，其理論根據則在「天志」。是否眞有一人格的天帝而又有他那一番志的呢？這在中國傳統思想裏是不易認可的。惠施始轉換論點，說「天地一體，氾愛萬物」，不再說有上帝意志，卻想從名言異同的辨析上來支持墨義，來教人兼愛，無疑的必然要仍歸失敗。但其在積極的助成墨義，則無可否認。公孫龍主張「白馬非馬」論，卻是從消極反面來為墨義解嘲。因墨家主張兼愛，在實踐上，亦有難圓處。小取篇說：

> 盜人，人也。多盜非多人，無盜非無人也。惡多盜，非惡多人，欲無盜，非欲無人。愛盜，非愛人也。殺盜，非殺人也。

盜非人，殺盜非殺人，無背於兼愛人之意，這顯然是公孫龍白馬非馬論之眞實意指，與眞實應用。但無論如墨子般推本上帝意志，或如惠施、公孫龍般專就名言分析，來正反辨護，這兩條路，都在先秦思想界受到激烈的抨擊了。這是一種思想方法上的抨擊。在此盡大力的是莊子道家。墨家的兼愛，雖是一番大理論，但一面經不起莊子在思想方法上之抨擊；一面敵不住孟子在人生實踐上的主張。於是盛極一時的墨學，也只有日趨消沉了。

一三　荀卿

戰國思想，在莊周、惠施同時，及其稍後，除卻道、名兩家外，尚多有反對儒家別樹異幟的，於是又出了荀卿，來駁擊諸家，重回孔子。荀子在當時，其有功儒家，不在孟子下，但孟子主「性善」，荀子主「性惡」，兩人思想又恰相反。荀子曰：

人之性惡，其善者僞也。今人之性，生而有好利焉，順是故爭奪生而辭讓亡焉。生而有疾惡焉，順是故殘賊生而忠信亡焉。生而有耳目之欲，有好聲色焉，順是故淫亂生而禮義文理亡焉。然則從人之性，順人之情，必出於爭奪，合於犯分亂理而歸於暴。故必將有師法之化，禮義之道，然後出於辭讓合於文理而歸於治。用此觀之，則人之性惡明矣，其善者僞也。（荀子性惡）

然則禮義何自來？荀子曰：

禮義者，聖人之所生也。（荀子性惡）

又曰：

聖人積思慮習偽，故以生禮義而起法度。然則禮義法度者，是生於聖人之偽，非故生於人之性也。（荀子性惡）

聖人化性而起偽，聖人之所以同於眾。其不異於眾者，性也。所以異而過眾者，偽也。（荀子性惡）

荀子指自然為「性」，人為為「偽」。人類文化皆起於人為，但人為與自然之界線，則並不能嚴格劃分。謂人性中有惡，固屬不可否認。但謂善絕非自然，全出人為，此見實太窄狹。因此後來中國思想界，大體還是承襲孟子。荀卿在當時思想上之貢獻，不在其提出了性惡論，而在其對其他各派反儒家思想能施以有力之抨擊。此下專舉其對墨子、莊子、惠子三派之批評為例。他說：

墨子蔽於用而不知文，惠子蔽於辭而不知實，莊子蔽於天而不知人。故由用謂之，道盡利矣。由辭謂之，道盡論矣。由天謂之，道盡因矣。（荀子解蔽）

墨子是一個實用主義者，由他看來，只要有利便是道。惠子是一個名辨主義者，由他看來，只名字上的辨論便是道。莊子是一個自然主義者，由他看來，只因任自然便是道。荀子說：

此數具者，皆道之一隅也。夫道者，體常而盡變，一隅不足以舉之。（荀子解蔽）

儒家思想，並不是不看重實利，也不是不看重名言辨析，亦不是不看重自然，只不偏陷在此一角，而把思想拘礙了。

荀子批評墨家，有一段極精闢的話。他說：

禮起於何也？曰：人生而有欲，欲而不得則不能無求，求而無度量分界則不能不爭。爭則亂，亂則窮。先王惡其亂也，故制禮義以分之，以養人之欲，給人之求。使欲必不窮於物，物必不屈於欲。兩者相持而長，是禮之所以起也。故禮者養也，出死要節，所以養生也。出費用，所以養財也。恭敬辭讓，所以養安也。禮義文理，所以養情也。人苟生之為見，若者必死。苟利之為見，若者必害。苟怠惰偷儒之為安，若者必危。苟情說之為樂，若者必滅。故人一之於禮義，則兩得之矣。一之於情性，則兩喪之矣。儒者將使人兩得之者也。墨者將使人兩喪之者也。是儒墨之分也。（荀子禮論）

荀子著眼在人類羣體生活上來闡述儒家的「禮」之精義。外面注意物質經濟條件，內面注意情感需要條件。「禮」可以給此外、內雙方以協調，使內心欲求不遠超過外面物質經濟之所允可。使外面經濟物質供養，也不遠落在內心欲求之後。這是兼顧心、物雙方之一種人生調節與人生藝術。墨家只看重外面物質實利，其實是站在純經濟的立場，而忽略了內在的情性。但荀子是主張性惡的，認為人性只知好物質實利，故反而說墨子只看重了人的情性。孔孟言禮，主從人類相互間的「愛」與「敬」出發，荀子則改從人類經濟生活之利害上出發。故孔孟言禮，是「對人」的，而且當下即是一目的。荀子言禮，則轉成「對物」，而且僅成一手段。荀子發揚儒學，而忽略儒之言仁，荀子畢竟只是一個智者，非仁人。（莊子亦是一智者，墨子、惠施則一是志士，一是純理論者。）但荀子言禮極具體，他說「禮」中包涵人生種種之「欲」，對此後中國經濟思想有關政治實際措施方面之影響則極大。

荀子批評惠施，也有一段精闢的話。他說：

君子之言，涉然（深入人生實際。）而精，俛然（俯就人生實際。）而類，差差然（貌若不平不齊。）而齊。彼正其名，當其辭，以務白其志義者也。彼名辭也者，志義之使也。（辭是判斷，名與辭是人類表達志義之工具，却不能由名與辭獲得志義。）足以相通則舍之矣。（名與辭是人對人之表白，非人對理之探求。）故名足以指實，辭足以見極，（極，中也，本也。）則舍之矣。外是者謂之訒。（訒，難也。艱深之義。言辨艱深，僅以難人，反失眞理。）是君子之所棄，而愚者拾以為己寶。故愚者誘其名，眩其辭，而無深於其志義者也。（荀子正名）

他又說：

名也者，所以期異實也。（分異外面之實，如人與物兩名異實。）辭也者，兼異實之名以論一意也。（如「人為萬物之靈」一語，兼人物兩異實之名而表示出對人之評價。）辨說也者，心之象道也。（「道」字疑衍。辨說只表達心之所思，故曰「心之象」。）心也者，道之工宰也。（非心則道不明，猶非工則器不成。宰是主宰義。）道也者，治之經理也。（治是人類羣體生活之最高表現，而道為之條理。）心合於道，說合於心，辭合於說，正名而期。（荀子正名）

這是說能合於道者是心，心有所思所明而以說表出之。說由辭組成。故辭必合於其所欲說。辭必兼異實之名而成。故欲立辭成說，必先正名以待，故正名只是鑄辭立說的一種工具。明「道」者是「心」，由「說」來表達之，又用「辭」來表達「說」，用「名」來表達「辭」。辨者之蔽，是把此順序逆轉了。他們由名生出辭，由辭生出說，即由說來替換了心，而認之為道了。荀子此一態度，仍近孔子與莊子，主從人生實際經驗中求道，不從名與辭之辨析理論中明道，所以與名、墨分途。這一番駁正惠施一派辯者之言，極似莊子，而說來更透闢。名、墨兩家的思想方法，在將來中國思想界無大進展，荀子的影響亦大。

現在再抄錄荀子批評莊子的一番話，他說：

> 明於天人之分，則可謂至人矣。不為而成，不求而得，夫是之謂天職。如是者雖深，其人不加慮焉。雖大，不加能焉。雖精，不加察焉。夫是之謂不與天爭職。天有其時，地有其財，人有其治，夫是之謂能參。舍其所以參而願其所參，則惑矣。列星隨旋，日月遞炤，四時代御，陰陽大化，風雨博施，萬物各得其和以生，各得其養以成，不見其事而見其功，夫是之謂神。皆知其所以成，莫知其無形，夫是之謂天。惟聖人為不求知天。天職既立，天功既成，形具而神生，（此卽子產「既生魄、陽曰魂」之義。）好惡喜怒哀樂臧焉，夫是之謂天情。耳目鼻口形能，各有接而不相能也，夫是之謂天官。心居中虛以治五官，夫是之謂天君。財非其類以養其類，夫是之謂天養。順其類者謂之福，逆其類者謂之禍，夫是之謂天政。闇其天君，亂其天官，棄其天養，逆其天政，背其天情，以喪天功，夫是之謂大凶。聖人清其天君，正其天官，備其天養，順其天政，養其天情，以全其天功，如是則知其所為，知其所不為矣。則天地官而萬物役矣。其行曲治，其養曲適，其生不傷，夫是之謂知天。故大巧在所不為，大知在所不慮。（荀子天論）

荀子又說：

大天而思之，孰與物畜而制之？從天而頌之，孰與制天命而用之？望時而待之，孰與應時而使之？因物而多之，孰與騁能而化之？思物而物之，孰與理物而勿失之也？願於物之所以生，孰與有物之所以成？故錯人而思天，則失萬物之情。（荀子天論）

此一番話，顯是針對莊周一派「知有天而不知有人」者發。但有些說得過偏過重了，又似乎轉近於只求知人，不求知天了。莊子意在擴大人的智識範圍，不要僅僅拘囿在人生圈子之內；荀子則在規制人的智識範圍，只許拘囿在人生圈內已够了。孔子獎勵人「知命」，積極方面像是莊子，消極方面像是荀卿。而且孔子的知命之學，還留有一條天人相通之路，荀子則把天、人界線劃得太淸楚了，遂變成天、人對立，變成「制天命而用之」了。孔子思想中所留著的一條天人相通之路，便是他對人性的觀點。子貢說：

夫子之文章，可得而聞也。夫子之言性與天道，不可得而聞也。（論語公冶長）

從子貢的話裏，卽透露出孔子對人性與天道，是同樣看法的。後來孟子說「盡性知天」，便是沿著孔子看法而來。孔子言仁，孟子言性善，宇宙界與人生界卽從此人心之「仁」與人性之「善」上通氣。現在荀子因為要力反莊子之太偏向自然，而過分提高了人為，於是把天與人截然分開，主張性是惡的，天是要制的，他的理論遂不免太偏於重智。他講人心功能，也看重思慮，卽智。而忽略了情感，卽仁。於是在荀子思想中，遂不得不更多承認了「欲」的地位。他說：

凡語治而待去欲者，無以道欲而困於有欲者也。凡語治而待寡欲者，無以節欲而困於多欲者也。欲不待可得，而求者從所可。欲不待可得，所受乎天也。求者從所可，受乎心也。所受乎天之一欲，制於所受乎心之多，固難類所受乎天也。故欲過之而動不及，心止之也。心之所可中理，則欲雖多，奚傷於治？欲不及而動過之，心使之也。心之所可失理，則欲雖寡，奚止於亂？故治亂在於心之所可，亡於情之所欲。欲雖不可盡，可以近盡也。欲雖不可去，求可節也。所欲雖不可盡，求者猶近盡。欲雖不可去，所求不得，慮者欲節求也。道者，進則近盡，退則節求，天下莫之若也。（荀子正名）

荀子思想中對「欲」有二態度，可進則求近乎滿足所欲，不可進而退，則求自己節制所欲，不使其太不够滿足。這一番功夫，則全賴人之心智。心智貴能知道，此道卽指示人進盡欲、退節欲之恰好道路。則荀子此處所謂「道」，與上引之所謂「禮」，皆是人羣面對物質生活之所需，而非發源於人與人相處之一片深情厚意而始有，此為荀子與孔孟之相異處。在此處，荀子雖力反莊子，其思想路徑又實與莊子為近，荀子曰：

> 人何以知道？曰：心。心何以知？曰：虛壹而靜。虛壹而靜，謂之大清明。萬物莫形而不見，莫見而不論，莫論而失位。論是「經綸」義，倫理指物與物之相互關係言。坐於室而見四海，處於今而論久遠，疏觀萬物而知其情，參稽治亂而通其度，經緯天地而材官萬物，制割大理而宇宙裏矣。（荀子解蔽）

可見荀子思想是對物的，是純理智的，不注重人類天性中之仁愛，不注重人與人間之自然情意，此一點使其甚近於西方哲學。但非純思辨、純理論的。以其反對名、墨兩家之思辨方法，這一點使其仍與西方哲學不類。他的獲得理智的方法，卻有些近似於莊子。這一點使其雖主張嚴格劃分天、人界線，雖頗主克服自然，駕馭自然，而並不能接近西方科學的道路。他雖很看重人類羣體生活，而注意到其間之禮義法度。但其對人羣，亦如對物般，只就其生活之外面著眼，沒有一種人與人間之情意之相通。因此使其成為一傲慢的智識主義者，成為一主張等級性的智識貴族。他專就智識立場分人為四等。他說：

> 有聖人之知者，有士君子之知者，有小人之知者，有役夫之知者。（荀子性惡）

在他處，荀子又分人為大儒、雅儒、俗儒、俗人之四類。大儒即聖人，如孔子。雅儒相當於士君子，俗儒相當是役夫，荀子在他處又稱之為姦人，乃指反儒術之百家言。俗人卽小人，乃為無知無識之平民。他說：

> 不學問，無正義，以富利為隆，是俗人者也。略法先王而足亂世術，繆學雜舉，不知法後王而一制度，不知隆禮義而殺詩書，「隆禮義」是守後王之法度，稱道詩書，則上究歷史，法先王矣。殺是輕減其重量之義，「殺詩書」卽不要太重視古代。呼先王以欺愚者，是俗儒者也。法後王，一制度，隆禮義而殺詩書，其言行已有大法矣。然而明不能齊，法教之所不及，聞見之所未至，則知不能類也。尊賢畏法而不敢怠傲，是雅儒者也。法先王，統禮義，一制度，以淺持博，以古持今，以一持萬，舉統類而應之，無所儗㤿，張法而度之，則晻然若合符節，是大儒者也。（荀子儒效）

荀子又說：

> 多言而類，聖人也。少言而法，君子也。多少無法，雖辯，小人也。勞力而不當民務，謂之姦事。勞知而不律先王，謂之姦心。辯說譬諭，齊給便利。而不順禮義，謂之姦說。此三姦者，聖王之所禁也。（荀子非十二子）

又曰：

聽其言則辭辯而無統，用其身則多詐而無功，上不足以順明王，下不足以和齊百姓，夫是之謂姦人之雄。聖王起，所以先誅也。然後盜賊次之。盜賊得變，此不得變也。（荀子非相）

在荀子之意，惟知通統類者纔配治歷史，法先王，來創法定制。其次知不能通統類，則僅能法後王，遵法守制，奉行政令。再其次，論不到知識思想，則當勞力於衣食生事。尚有一輩人，知不能通統類，偏要法先王，高談古昔，昧於時變，而強固不變，不服從後王之法令，則聖王起只有先誅。荀子這一理論，思想上一轉為韓非法家，見之實際政治，則為李斯相秦，焚書坑儒，禁人以古非今，即不許第二級智識以下人亦談歷史，根據古而疑今。偶語詩、書卽棄市。禮法是今王（卽後王）所制，詩書乃先王所遺。大儒聖人，知通統類，故能推先王詩書之意而創定禮法。第二級智識以下，則只許遵奉時王制度，不許談詩書，議禮法。而令欲學者以吏為師。卽是法後王之禮法，此語亦見韓非書中。李、韓都是荀卿弟子，這是本著偏智不仁的態度來討論人類羣體生活者所應有之結果。

一四　老子

老子是戰國一部晚出書，不僅在論語後，還應在莊子後。老子書中許多重要觀點，幾乎全從莊子引伸而來。只因其文辭簡賅，故使人更覺很像是義蘊深玄。荀子說：

老子有見於詘，無見於伸。（荀子天論）

大概老子書出在荀子稍前一個不知名人之手。

道家有莊老，等於儒家有孔孟，這是中國思想史裏兩大主要骨幹。上文講述莊子思想，沒有詳細說及他對「道」字的觀念，此刻借老子的話來補述。老子說：

道之為物，惟恍惟惚。惚兮恍兮，其中有象。恍兮惚兮，其中有物。窈兮冥兮，其中有精。其精甚眞，其中有信。自古及今，其名不去，以閱衆甫。吾何以知衆甫之然哉，以此。（老子二十

一章）

這是說宇宙一切原本於「道」，開始於「道」。道是惚恍窈冥的。說沒有又是有，說有又是沒有。從道中先有法象，再有萬物。此說遂開後來易傳中之思想。萬物分析到最後只是些精氣，精只是氣之極微不可見者。這些精氣運行，有它常然可信之規律。宇宙一切現象，永遠是那些精氣運行所變化，因此宇宙只是一道體。我們明白得此道體，便可明白宇宙一切眾始。甫即始也。老子又說：

有物混成，先天地生。寂兮寥兮，獨立而不改，周行而不殆。可以為天下母。吾不知其名。字之曰道，強為之名曰大，大曰逝，逝曰遠，遠曰反。（老子二十五章）

這是說道先天下而有，道是絕對的，獨立又是循環的。周行宇宙一切都由道出。為天下母。道是運行向前的，逝但它向前到某一限度會回歸的。反，即返。老子又說：

致虛極，守靜篤，萬物並作，吾以觀其復。夫物芸芸，各復歸其根。歸根曰靜，是謂復命。復命曰常。知常曰明。不知常，妄作凶。（老子十六章）

大道運行不息，但必反本復始，歸根回原，所以是至動至靜。此種運行既有常軌，故可信。人該先明白得此道運行之常軌。卽天地間一切現象，亦莫不在遵循此運行之常軌，故曰：

昔之得一者，天得一以清，地得一以寧，神得一以靈，谷得一以盈，萬物得一以生，侯王得一以為天下正。（老子三十九章）

「一」卽是道，沒有道便沒有一切，甚至沒有天、地、神，與萬物。亦將沒有侯王。所以說：

天無以清將恐裂，地無以寧將恐發，神無以靈將恐歇，谷無以盈將恐竭，萬物無以生將恐滅，侯王無以貴高將恐蹶。（老子三十九章）

所以天、地、神、物，盡將效法於道。但道又效法什麼呢？老子說：

人法地，地法天，天法道，道法自然。（老子二十五章）

道是絕對的，因此道無所效法，卽效法其自體，故曰「道法自然」。

人如何效法道呢？首先當明得此道所呈現之象。天地間必然有兩種相反現象之對立，老子曰：

有無相生，難易相成，長短相形，高下相傾，音聲相和，前後相隨。（老子二章）

但此諸種對立現象，並非安住固定，而常在變動中。對立的變動便是對流。老子說：

天之道，其猶張弓乎？高者抑之，下者舉之，有餘者損之，不足者與之。天之道，損有餘而補不足。（老子七十七章）

此種對流，好像有一個天意在主宰著，故老子又稱之為「天道」。老子曰：

反者道之動，弱者道之用。天下萬物生於有，有生於無。（老子四十章）

道之運行，常向其相反處，此即對流。強便轉向弱，弱便轉向強。成便轉向敗，敗便轉向成。人心好強好成，道則無所存心。故曰：

天地不仁，以萬物為芻狗。天地之間，其猶橐籥乎？虛而不屈，動而愈出。（老子五章）

萬物生復死，死復生。萬物雖想長生，天地並不管這些。惟其無心任運，故能「虛而不屈，竭也。動而愈出」。所以道雖永遠向前，卻是無往不復。老子說：

將欲噏之，必固張之。將欲弱之，必固強之。將欲廢之，必固興之。將欲奪之，必固與之。是謂微明。（老子三十六章）

這些天地間現象的變動，其起始常甚微，但到後則甚明。人之智慧，則當能明其微處。人若明白得此微，則自知所以自處。故老子曰：

柔弱勝剛強。（老子三十六章）

因剛強必走向柔弱，柔弱卻又轉向剛強。故曰：

強梁者不得其死，吾將以為教父。（老子四十二章）

老子只是教人柔，教人弱。以此為一切教之始，故曰「教父」。他說：

守柔曰強。（老子五十二章）

反者道之動，弱者道之用。（老子四十章）

道常向相反處運行，人若先處在自己不想要的一端，正可走向自己所想要的一端。故曰：

曲則全，枉則正，窪則盈，弊則新，少則得，多則惑。（老子二十二章）

又曰：

大成若缺，大盈若冲，大直若屈，大巧若拙，大辯若訥。（老子四十五章）

知其雄，守其雌，為天下谿。知其白，守其黑，為天下式。知其榮，守其辱，為天下谷。（老子二十八章）

人若喜雄、白、榮，便該守雌、黑、辱。雌、黑、辱有獲得雄、白、榮之道。若想牢居在雄、白、榮的位上，反而會墮入雌、黑、辱的境遇了。所以說：

> 跂者不立，跨者不行，自見者不明，自是者不彰，自伐者無功，自矜者不長。其於道也，曰餘食贅行，物或惡之，故有道者不處。（老子二十四章）

故曰：

> 持而盈之，不如其已。揣而銳之，不可長保。金玉滿堂，莫之能守。富貴而驕，自遺其咎。功成身退，天之道。（老子九章）

莊子是豁達豪放人，事事不在乎。老子是一謹小愼微者，步步留心，處處在意。故曰：

> 古之善為士者，微妙玄通，深不可識。夫唯不可識，故強為之容。豫兮若冬涉川，猶兮若畏四鄰，儼兮其若客，渙兮若冰之將釋，敦兮其若朴，曠兮其若谷，渾兮其若濁。（老子十五章）

這一種態度，永遠像在猶豫，在畏縮，在觀望，在掩蓋著自己眞態度不讓襮露，俾好時時隨機應變。所以說：

我有三寶，持而寶之。一曰慈，二曰儉，三曰不敢為天下先。慈故能勇，儉故能廣，不敢為天下先，故能成器長。（老子六十七章）

此三寶中，「儉」與「不敢」，最見老子眞情。「慈」則最多只是一種老年之愛，世故已深，熱情血性都衰了。譬如哄小孩般。這一意態，仍是他所說「天地不仁」「聖人不仁」之冷靜意態。對一切自然現象不敢輕加毀傷以自逞己欲。以較孔子，老子固見為「不仁」，若較韓非，則又確見其為「慈」。此是老子較韓非深遠處。莊子天下篇稱其「以空虛不毀萬物為實」，此可為老子「慈」字之眞解。總之老子是一位精於打算的人，正因其精於打算，遂有他「無為」的主張。他說：

其安易持，其未兆易謀，其脆易破，其微易散。為之於未有，治之於未亂。合抱之木，生於毫末。九層之臺，起於累土。千里之行，始於足下。為者敗之，執者失之。聖人無為，故無敗。無執，故無失。民之從事，常於幾成而敗之。愼終如始，則無敗事。是以聖人欲不欲，不貴難得之貨，學不學，復衆人之所過，以輔萬物之自然而不敢為。（老子六十四章）

他又說：

善行無轍迹，善言無瑕讁，善計不用籌策，善閉無關楗而不可開，善結無繩約而不可解。（老子二十七章）

道之出口，淡乎其無味。視之不足見，聽之不足聞，用之不可旣。旣，盡也。（老子三十五章）

故曰：

為無為，事無事，味無味，大小多少，欲大反小，欲多反少，以小成大，以少得多。報怨以德。圖難於其易，為大於其細。天下難事必作於易，大事必作於細。聖人終不為大，故能成其大。（老子六十三章）

老子認為人若明白得此道，可以長生，莊子思想中有神仙祈嚮，老子無之。老子思想中有長生祈嚮，莊子無之。後來之道士則集合為一。可以治國，莊子思想之推演，近似近代西方之無政府主義。老子思想之推演，近似近代西方之民主政治。可以用兵，可以交與國，取天下。莊子思想絕不及此等事。後來道家黃帝、太公諸偽書皆本老子。而老子思想之最高嚮則在「天人合一」。他說：

道生之，德蓄之，莫之命而常自然。長之育之，成之熟之，養之覆之，生而不有，為而不恃，長而不宰，是謂玄德。（老子五十一章）

聖人不積，既以為人己愈有，既以與人己愈多。天之道，利而不害。聖人之道，為而不爭。（老子八十一章）

可見老子思想，最尚自然，但還是最功利的。最寬慈，但還是最打算的。百姓不識不知，本身即是一自然。聖人則看得清楚，打算得精密，其本身也即是一自然。眾人如萬物，聖人如天。老子之天人合一觀，是把眾人和聖人分別言之的。莊子天下篇稱老子為「古之博大眞人」，天下篇不出莊子手筆。像上引兩節，一節是言道，一節是言合於道之聖人。老子這一種意境，確可膺當此博大眞人的徽號，但還是掩蓋不了他功利打算的精神。老子雖竭力主張尚法自然，尊道貴德，而達於天人合一之境界，但究竟他太精打算了，似乎精細更勝過了博大。莊子天下篇又說他「以深為根，以約為紀」，那是對老子最扼要的評語。他的心智表現，是最深沉，而又最簡約的。此後中國的黃老之學，變成權謀術數，陰險狠鷙，也是自然的。

一五　韓非

韓非是荀子學生，他書中屢次推揚老子。但韓非只接受了荀、老兩家之粗淺處，忽略了兩家之高深博大處。他說：

世之顯學，儒、墨也。孔、墨之後，儒分為八，墨離為三，取舍相反不同。孔、墨俱道堯、舜，而取舍不同。今乃欲審堯、舜之道於三千歲之前，意者其不可必乎？無參驗而必之者，愚也。弗能必而據之者，誣也。故明據先王，必定堯、舜者，非愚則誣之學，雜反之行，明主弗受也。（韓非子顯學）

戰國思想，本來極活潑，極生動，因此也極複雜分歧。在孟子、莊子時代，已經感到有將此複雜分歧的思想界加以澄清整理之需要。一到荀子、老子時代，此種需要更迫切了。但無論孟、荀、莊、老，他們都站在全人類文化立場，以人羣全體生活的理想為出發，而求此問題之解答。韓非的立場則太過狹窄，他的觀點也太過淺近，他只從統治階級的偏面利益來衡量此種紛歧複雜的思想界之是非，那自然要全無是處。（此條反對稱道堯舜，即猶荀子之反俗儒。）他又說：

> 上古之世，人民少，禽獸衆，人民不勝禽獸蟲蛇，有聖人作，構木為巢以避羣害，而民悅之，使王天下，號曰有巢氏。民食果蓏蚌蛤，腥臊惡臭而傷腹胃，民多疾病，有聖人作，鑽燧取火，以化腥臊，而民說之，使王天下，號曰燧人氏。中古之世，天下大水，而鯀、禹決瀆。近古之世，桀、紂暴亂，而湯、武征伐。今有構木鑽燧於夏后氏之世者，必為鯀、禹笑矣。有決瀆於殷、周之世者，必為湯、武笑矣。然則，今有美堯、舜、禹、湯、武之道於當今之世者，必為新聖笑矣。是以聖人不期脩古，不法常可。論世之事，因為之備。古者丈夫不耕，草木之實足食，婦人不織，禽獸之皮足衣，不事力而養足，人民少而財有餘。故民不爭。是以厚賞不行，重罰不用，而民自治。今人有五子，大父未死而有二十五孫。是以人民衆而貨財寡，事力勞而供養薄，故民爭。雖倍賞累罰而不免於亂。堯之王天下，茅茨不翦，采椽不斲，糲粢之食，藜藿之羹。監門之服養，不虧於此。禹之王天下，身執耒臿以為民先。股無胈，脛不生毛，雖臣虜之勞，不苦於此。今之縣令，一日身死，子孫累世絜駕。是以輕辭古之天子，難去今之縣令者，薄厚之實異也。山居而谷汲者，膢臘而相遺以水。澤居苦水者，買傭而決竇。饑歲之春，幼弟不饟。穰歲之秋，疏客必食。是以古之易財，非仁也，今之爭奪，非鄙也。聖人

議多少，論薄厚，而為之政。罰薄不為慈，誅嚴不為戾，稱俗而行。故事因於世，而備適於事。（韓非子五蠹）

此節就歷史時代之變而反對則古道昔。然歷史有變亦有常。荀子主「通統類，明百王之道貫」，老子主「執古之道以御今之有」，皆未嘗抹殺歷史。歷史之變，亦不能專就物質經濟生活一方面著眼，又更非統治階級一方面的事。韓非的意見，只注重在統治階層。而其論統治對象，又是只注重在經濟物質方面。至謂世事糾紛，僅恃嚴誅厚罰可以解決，更屬偏淺。

韓非立論之最偏激者，尤在其論臣主之異利。故曰：

畏死難，降北之民也，而世尊之曰貴生之士。學道立方，離法之民也，而世尊之曰文學之士。游居厚養，牟食之民也，而世尊之曰有能之士。語曲牟知，偽詐之民也，而世尊之曰辯智之士。行劍攻殺，暴憿之民也，而世尊之曰廉勇之士。活賊匿姦，當死之民也，而世尊之曰任譽之民。（韓非子六反）

戰國士風未醇，晚世尤甚。然貴生，如道家莊老。文學，如儒家孟荀。有能，如稷下先生淳于髡、田駢之徒。辯智，如名家惠施公孫龍。廉勇，如游俠聶政、荆軻。任譽，如孟嘗、信陵、平原、虞卿等。皆當時社會所推尙。如非之意，則此等皆在排擠殺戮之列。如是則世道之光輝，人生之蘄嚮，豈不太觳太狹。韓非之所注重則僅在「富強」。而彼心中之富強，則是專屬於統治階層的，故曰：

> 姦偽無益之民六，（上引已詳。）而世譽之。耕戰有益之民六，而世毀之。布衣循私利，世主聽虛聲而禮之。禮之所在，利必加焉。百姓循私害，世主雍於俗而賤之。賤之所在，害必加焉。故名賞在乎私惡當罪之民，而毀害在乎公善宜賞之士。索國之富強，不可得也。（韓非子六反）

社會輿情所嚮，韓非則謂之「私」。政府偏利所求，韓非則謂之「公」。韓非殆僅知有政治，而不知有文化。僅知有國家，（其實只是貴族治權階級。）而不知有人生。僅知有君主，而不知有民眾。故曰：

> 行仁義者非所譽，譽之則害功。工文學者非所用，用之則亂法。（韓非子五蠹）

莊老亦非仁義，輕文學，然視韓非則陳義深遠，所非同，其所以非則異。韓非又曰：

> 世之所謂賢者，貞信之行也。所謂智者，微妙之言也。微妙之言，上智所難知。今為眾人法，而以上智之所難知，則民無從識之矣。今所治之政，民間之事，夫婦所明知者不用，而慕上智

之論，則其於治反矣。布衣相與交，無富厚以相利，無威勢以相懼，故求不欺之士。今人主處制人之勢，有一國之厚，重賞嚴誅，得操其柄，奚待於不欺之士。故明主之道，一法而不求智，固術而不慕信。（韓非子五蠹）

韓非心中之政治，只是駕馭民眾。駕馭之道，則恃刑賞法術。故又曰：

聖人之治國，不恃人之為吾善也，而用其不得為非也。恃人之為吾善，境內不什數。用人不得為非，一國可使齊。為治者由眾而舍寡，不務德而務法。有術之君，不隨適然之善，而行必然之道。（韓非子顯學）

至於法制刑罰之不必然，老子曰：「民不畏死，奈何以死懼之。」則非韓非所知。故曰：

廢常上賢則亂，舍法任智則危。故曰上法而不上賢。（韓非子忠孝）

不上賢亦莊老所主，然莊老別有著眼，並不以法律為常道。故曰：

恍惚之言，恬淡之學，天下之惑術也。（韓非子忠孝）

此韓非之明譏莊老。韓非僅知有物質生活，故莊老玄談，皆見為恍惚。韓非專主刑賞，故莊老恬淡，卽感無可駕御。故韓非之學，不僅背其師傳，（荀子。）亦復無當其所尊尚。（老子。）然其思想中過偏過激之萌蘖，亦不能不說乃由其所師尚而來。（荀子卽是孔學之偏激，然老子則並非莊學之偏激。惟莊書中如駢拇馬蹄諸篇，則又是老學之偏激也。）韓非自己性情，是一個孤憤人，（其書有孤憤篇。）或傳其書至秦，那時秦始皇帝正是二十六七歲的青年，見其書，曰：

嗟乎！寡人得見此人，與之游，死不恨矣。（史記老子韓非列傳）

李斯遂引致了韓非，又把他讒害了。但此後秦始皇帝焚書坑儒一番偉舉，卻不能不說是韓非五蠹、六反、孤憤（皆韓非著書篇名。）之氣之一番發洩。先秦學術思想，由韓非來做殿軍，那是中國思想史裏一黑影，一汙點。

一六　秦漢時代

近代一般觀點，都認為秦始皇帝統一六國，春秋戰國思想便告一段落，下面好像是一個脫空時期，實則並不盡然。戰國思想已極紛歧雜反，國家走上統一，思想界亦要求調和融通，滙歸一致。荀子、老子、韓非，深淺不同，但都有此期望。以後還繼續此期望。呂氏春秋秦始皇初年。與淮南王書漢武帝初年。都在此期望上努力，也都有相當貢獻。司馬談論六家要旨，直到劉向、歆七略，卽漢書藝文志所引，還是此路向。呂氏春秋是想折衷百家來調和百家的，畢竟氣魄不够，不能超越百家，卽不能折衷百家而開創一新局面。淮南王書是站在老子道家立場來折衷百家的，既站在道家立場，卽脫不了道家樊籠，也不勝此融通和會之大責任。除此兩派外，尚有一派新儒家，他們是先就融會儒、道再來融會百家的，那一派成就最大，對此後中國思想界影響最深。此下專把此一派來稍加申說，而以易經十傳和中庸為代表。

一七　易傳與中庸

易傳和中庸，出於不知誰何人之手，與老子同類，都是中國古代幾部無主名的偉大傑作。老子思想之大貢獻，在提出一個天人合一，卽人生界與宇宙界合一，文化界與自然界合一的一種新觀點。關於此一問題，本是世界人類思想所必然要遭遇到的唯一最大主要的問題。春秋時代人的思想，頗想把宇宙暫時撇開，來專一解決人生界諸問題，如子產便是其代表。孔子思想，雖說承接春秋，但在其思想之內在深處，實有一個極深邃的天人合一觀之傾向，然只是引而不發。孟子的性善論，可說已在天、人交界處明顯地安上一接榫，但亦還只是從天過渡到人，依然偏重在人的一邊。莊子要把人重回歸到天，然又用力過重，故荀子說其「知有天而不知有人」。但荀子又把天與人斬截劃分得太分明了。這一態度，並不與孔子一致。老子始提出「人法地，地法天，天法道，道法自然」之明確口號，而在修身、齊家、治國、平天下一切人生界實際事為上，都有一套精密的想法，較之孟子是恢宏了，較之莊子是落實了，但較之孔子，則仍嫌其精明有餘，厚德不足。而且又偏重在自然，而放輕了人文之比重。易傳與中庸，則要彌補此缺憾。中庸說：

天命之謂性，率性之謂道，修道之謂教。（中庸一章）

把自然扣緊在人性上，把道自然之道，「一氣之化」之道。扣緊在人文教化上，這是把孟子來會通到莊、老。易傳說：

昔者聖人之作易也，將以順性命之理。是以立天之道，曰陰與陽。立地之道，曰柔與剛。立人之道，曰仁與義。（說卦二章）

這仍是把孔孟仁義來會通莊老之天地自然。「順性命之理」卽是順自然。人道中之仁義，卽是天道中之陰陽，地道中之剛柔，此卽是「道法自然」。故曰：

觀變於陰陽而立卦，發揮於剛柔而生爻，和順於道德而理於義，窮理盡性以至於命。（說卦一章）

此處特提「窮理」一觀念，極重要。此「理」字在韓非書中卻有一很好的界說。韓非曰：

道者，萬物之所然也，萬理之所稽也。稽，合義。會合萬理而成一道。理者，成物之文也。莊子曰：「其分也，成也。」理卽是物之分界，卽是物之形成。道者，萬物之所以成也。物有理，不可以相薄，不相薄，卽不相衝突，莊子所謂「無適」，各因其是而止，卽是約於分之內。故理之為物之制。制是成法之義。老子曰：「道生之，德畜之，物形之，勢成之。」勢字不如理字義蘊之佳之美。萬物各異理，而道盡稽萬物之理，故不得不化。理靜定而化則變動。理分別而化則和通。（韓非子解老）

易傳所謂「窮理盡性以至於命」，卽孟子所謂「盡心以知性，盡性以知天」，卽孔子所謂之「下學而上達」。道家觀念重於虛，虛而後能合天。儒家則反身內求，天卽在人之中，卽性是命。卽就人文本位充實而圓滿之，「窮理」卽孟子所謂「踐形」。但「窮理」二字更明白，更透徹。便已達天德，便已順天命，更不必捨人求天。莊子曰：「善我生者，所以善我之死。」儒家則認仁義盡性卽是善我之生。善我之生與死，卽由人而達於天。易傳之「窮理盡性」，亦卽是中庸之「致中和」。中庸曰：

喜怒哀樂之未發謂之中，發而皆中節謂之和。中也者，天下之大本也。和也者，天下之達道也。致中和，天地位焉，萬物育焉。（中庸一章）

「中」，人心之內在，卽是人之「性」，就人文本位言，人性卽是天下之大本，此卽莊子之「環中」。致「中」卽是「盡性」，盡性卽是莊子之「約分」。致「和」則是「窮理」。就物言則理為分，就天言則理為和。何以說「致中和」卽能「天地位，萬物育」呢？易傳曰：

天地之大德曰生。（繫辭下一章）老子曰：「天地不仁，以萬物為芻狗。」莊老就生必有死言，故堅持其悲天任運的態度。今專就生生不息言，則生是天地之大德，而成為樂天知命。

天地之生，在於有陰陽之分；老子曰：「萬物負陰而抱陽，沖氣以為和。」人道之生，在於有夫婦之別。中庸曰：

君子之道，造端乎夫婦，及其至也，察乎天地。（中庸十二章）

夫婦之合本乎人性，中。而夫婦有別，一男一女是其別。又於別中見和，一夫一婦是其和，別中有和即是理。別生敬，和生愛；別生義，和生仁。夫婦之道，卽是仁義愛敬之道，亦卽是陰陽之道。此證人道卽天道，人生界卽是宇宙界。天人合一，只就夫婦和合中認取。再推進一層言之，中庸曰：

自誠明謂之性，自明誠謂之教。誠則明矣，明則誠矣。唯天下至誠為能盡其性，能盡其性則能盡人之性，能盡人之性，則能盡物之性，能盡物之性，則可以贊天地之化育。可以贊天地之化育，則可以與天地參矣。（中庸二十一、二十二章）

姑再就夫婦之道言，男女好合，本發於人性，此卽發於人之「誠」。因於好合之誠，遂有婚姻之禮。

此即「自誠明」，孟子所謂「性之」。既有婚姻之禮，益知好合之誠。此即「自明誠」，孟子所謂「反之」。夫婦好合，即是「盡己之性」，卻同時便是「盡人之性」。做一好丈夫，不僅盡了夫德，亦同時盡妻德，即人之德。因人性為妻者無不樂有一好丈夫，有了好丈夫，易成好妻子。故盡己之夫德，無異即是盡人之妻德。父慈子孝，亦同此理。一切人倫，均同此理。易傳曰：

> 天地絪緼，萬物化醇。男女構精，萬物化生。（繫辭下五章）

夫婦之道「察乎天地」，豈不盡人之性便可盡物性而贊天地之化育嗎？莊老根據天地自然來懷疑人生文化。此刻的新儒家，則根據人生文化來闡明天地自然。同樣是要求天人合一，在易傳、中庸的一轉手間，卻有絕大思致，絕大聰明。那是思想界的一大飜騰。

易傳、中庸，一面認為人道本身即就是天道，此義當溯源於孔孟。但另一面也常先從認識天道入手來規範人道，此法則襲諸莊老。但莊老言天道，只就現象言，不主從現象後面來覓取一主宰。若在現象後面覓取主宰，即易成宗教。易傳、中庸則不肯就象言象，而要在現象本身中來籀繹出此現象所特具而顯著的德性。此一點，亦遂與莊老發生絕大歧異。易傳曰：

> 易者象也，象也者，像也。（繫辭下三章）

> 古者包犧氏之王天下也，仰則觀象於天，俯則觀法於地，觀鳥獸之文與地之宜，近取諸身，遠取諸物，於是始作八卦，以通神明之德，以類萬物之情。（繫辭下二章）

易傳裏所竭力注重的法象觀念，顯然淵源於老子，但有一極大不同點。老子只指出現象之常對立，常反復，（即對流，即循環。）僅就現象來描述現象。易傳則就此現象而指出其一種無休無歇不息不已之性格，此非就象言象，而是即象言「性」，即象明「德」。故曰：

天行健，君子以自強不息。（乾卦象傳）

「健」乃天行之象之一種特性，一種本身內在固具之德。對立與反復僅是象。在人文立場言，是無意義的。不息之健則是德，德便成為一種意義。（西方哲學稱之為「價值」。但「價值」在外，「德」在內。）中庸也說：

至誠無息，不息則久，久則徵，（徵，驗也，久了便可驗。）徵則悠遠，悠遠則博厚。博厚所以載物也，高明所以覆物也，悠久所以成物也。博厚配地，高明配天，悠久無疆（中庸二十六章）

博厚、高明、悠久皆是德。中庸又於健行不息中說出一個「至誠」來。若非至誠，如何能健行不息呢？（健與誠也是德。）老子只說「虛而不屈，動而愈出」，又說「天地萬物生於有，有生於無」。又說「道常無為而無不為」。試問既是無，如何又能生？有既是虛，如何又能出動？既無為，如何又能無不為？易傳則指出此道之「健」，中庸則指出此至健之道之「至誠」。惟其「至誠」與「健」，故能「不息」。惟其不息，故能博厚、高明、悠久而成其為天地，成其為道。易、中庸的宇宙觀，乃是一種德性的宇宙觀。採取了莊老的自然觀來闡發孔孟的人文觀，故成為新儒家。故曰：

> 天地之道，可一言而盡也。其為物不貳，（「不貳」即是至誠。）則其生物不測。（「不測」即是無窮。）天地之道，博也，厚也，高也，明也，悠也，久也。今夫天，斯昭昭之多，及其無窮也，日月星辰繫焉，萬物覆焉。今夫地，一撮土之多，及其廣厚，載華嶽而不重，振河海而不洩。萬物載焉。今夫山，一卷石之多，及其廣大，草木生之，禽獸居之，寶藏興焉。今夫水，一勺之多，及其不測，黿鼉蛟龍，魚鱉生焉，貨財殖焉。詩云：「維天之命，於穆不已。」蓋曰天之所以為天也。「於乎不顯，文王之德之純」，蓋曰文王之所以為文也，純亦不已。（「純」即「不貳」也。）（中庸二十六章）

由是言之，天地自然，只是一至健至誠不息不已之動，人道也應該至健至誠，不息不已。莊老著重在從外面的現象來擬想天地自然，於是天地自然究其極，只是一個虛無。儒家以德性來觀察，天道是至實至有，不該人道轉以虛無為本。

易傳又說：

一陰一陽之謂道，繼之者善也，成之者性也。仁者見之謂之仁，知者見之謂之知，百姓日用而不知，故君子之道鮮矣。（繫辭上五章）

當知天地自然，只此一陰一陽，不息不已。不息不已卽是有繼續而不斷。只要它能繼續而不斷，便卽是「善」。如是則此至誠不息之道，本身卽已是一至善。惟其不息不已，纔演變出人生。惟其不息不已，纔於人生中完成其「性」。性是從人生之不息不已中來，卽是從道之至善中來。如此看法，並不是人「性」中能有「善」，乃是有了「善」纔始成「性」。若無善，則無成，也不見有性了。這卻與孟子的性善論恰正倒轉。這一種天人合一的見解，較孟子顯然又進了一步。在此不息不已之道的看法上，儒、道兩家亦生歧見。「仁者見之謂之仁」，此是儒家，故易傳說「天地大德曰生」，天地化育卽是一至善。「知者見之謂之知」，此是道家，故老子說「天地不仁，以萬物為芻狗」，如是則自然本身並無善惡可言。君子之道，則必然該是仁知兼盡，而非偏智不仁的。這裏便生出了人道與天道之分。故易傳曰：

顯諸仁，藏諸用，鼓萬物而不與聖人同憂。（繫辭上五章）

「天地之大德曰生」，其為仁已顯，然萬物羣生則衣被養育於此至仁大道之中而不知，此是天道。即莊老所主。

於是聖人有憂之，此是人道。乃儒家所主。憂之如何？中庸曰：

誠者天之道，誠之者人之道。誠之者，擇善而固執之者也。（中庸二十章）

此整個天地大自然，儘管不息不已，但不害有許多現象之趨於絕滅。趨於絕滅亦是一自然，而非自然之正面。一陰一陽，是自然之正面。我們亦可說，趨於絕滅者該是惡，不是善。或說是有陽無陰，有陰無陽了。然儘管有許多現象之趨於絕滅，但仍不害於此整個天地大自然之不息不已，此其終所以為善。惡本身不可能存在，而只存在於善之中。若存在本身全是惡，則此本身卽趨滅絕，不復存在。故惡必依存於善，而善不須依存於惡。因此存在本身，若統體達於至善，仍可存在，但善惡兼存，亦是自然。當前的人生界，既有惡之依存，則人生努力，端在把握此可繼之善，擇善而固執之，隱惡而揚善。如是則：

成性存存，道義之門。人性由天地之善形成。保此人性，存存不息，便流出種種道義來。（繫辭上七章）

道義暢遂，便是人以合天，參贊天地。因為天地本體只是一永久存在，則人生努力，亦在此永久存在上。故說：

夫易，聖人之所以極深而研幾也。唯深也，故能通天下之志。唯幾也，故能成天下之務。（繫辭上十章）

「天下之志」，卽志在此可繼之善。卽志在此永久存在。「天下之務」，亦卽務於此可繼之善。務於此永久存在。故易曰：

夫易，開物成務，冒天下之道。（繫辭上十一章）

此道乃是人道。「開物成務」卽是「贊天地之化育」。又中庸曰：

道之不行也，我知之矣。知者過之，愚者不及也。道之不明也，我知之矣，賢者過之，不肖者不及也。人莫不飲食也，鮮能知味。（中庸四章）

人生在此天地大自然中，此天地大自然本身卽是一至善之道，由其不已不息。故曰：

道也者，不可須臾離也，可離非道也。（中庸一章）

人雖生活在道中，而患在不知道，此如日日飲食而不知味。莊老認天地為不仁，其理想中之聖人，亦如天地之不仁，此是賢知者過之。百姓則日用而不知，莊子曰：

人相忘於道術，魚相忘於江湖。（莊子大宗師）

故曰「不識不知，順帝之則」。莊老正認為不知才始得道。易傳、中庸則主張人須努力明善知道，始能擇善行道。故必明、誠相濟，修道以教，此則聖人所憂，而天地不與。此是人道，非天道。這裏又是儒、道一鴻溝。其蘄嚮「天人合一」之境界同，其所以到達此境界之途術則異。莊老主遏塞文化，復歸自然。易傳、中庸則主發揚文化，完成自然。

莊老並不是不看重知識，惟他們認為欲求瞭解人生，必先瞭解宇宙的這一番知識，在莊老講來，又是極玄秘，極深奧，並非盡人所能，因此他們索性不想叫人瞭解。尤其是老子，其實和荀卿一般，也是一知識的貴族主義者。凡抱知識的貴族主義者，必有「哲人王」的理想，此即莊子天下篇所稱之「內聖外王」，莊子天下篇亦出老子後人手筆。所以他說：

知者不言，言者不知。（老子五十六章）

古之善為道者，非以明民，將以愚之。（老子六十五章）

吾言甚易知，甚易行，天下莫能知，莫能行。夫惟無知，是以不我知。知我者希，則我者貴。（老子七十章）

易傳、中庸的意見，顯與此不同。易傳曰：

乾知大始，坤作成物。乾以易知，坤以簡能。易則易知，簡則易從。易知則有親，易從則有功。有親則可久，有功則可大。可久則賢人之德，可大則賢人之業。易簡而天下之理得矣。（繫辭上一章）

孟子說「良知良能」，從人性本身內部言。易傳說「易知易從」，從宇宙外面言。宇宙大自然眞理，其昭示於人的，極易知，極易從，因此人人可知，人人可從。亦必須人人可知可從，始得為人生之大德，始得為人生之大業。此乃主張「知識」與「道德」之大眾化，平民化，還是孟子傳統。只在說法上，採用了莊老立場，從宇宙界說起，不從人生界說起。中庸亦抱同一立場，故說：

君子之道費而隱，夫婦之愚可以與知焉。及其至也，雖聖人亦有所不知焉。夫婦之不肖，可以

能行焉。及其至也，雖聖人亦有所不能焉。（中庸十二章）

又說：

道不遠人，人之為道而遠人，不可以為道。老子曰：「道大曰逝，曰遠。」又曰：「天下皆謂我道大似不肖。夫唯大，故似不肖，若肖，久矣其細矣。」老子意中之所謂道，必大而遠，中庸書中之道，則在日常細微處，切近人生。（中庸十三章）

故曰：

君子尊德性，此卽良知良能，人人所與知與能者。而道問學，此則聖人猶有所憾者。致廣大人人與知與能。而盡精微聖人猶有所不知不能。極高明此卽及其至處。而道中庸此卽行遠自邇，登高自卑。（中庸二十七章）

這依然是孔子所謂「下學而上達」。老子必謂眾人不知不能，是其偏知不仁處。易傳、中庸必謂人人與知與能，是其仁知兼盡處。

我們若把西方的哲學觀點來衡量批評莊老與易傳、中庸，則他們都是主張根據宇宙界來推及到人生界的。莊老的宇宙論，不信有一創造此宇宙的上帝，亦不信人的智慧可以主宰此宇宙，可說是近於「唯物」的。但他們對物的觀念，注重在其流動變化，可說是一種「氣化的一元論」。易傳、中庸並不反對此觀點，只從天地萬物之流動變化中，指出其內在固有之一種性格與特徵，故說是「德性一元論」。此種德性一元的觀點，實為中國思想史中之特創。易傳、中庸卽運用此種德性一元的觀點來求人生界與宇宙界之合一，卽中國思想史裏之所謂「天人合一」，因此易傳、中庸不失為儒家孔孟傳統，而終與莊老異趨。

對於天地自然一切事象的看法，易傳、中庸復與莊老有一根本的歧異點。莊老都認為宇宙間一切事象，全是對立的。易傳、中庸則不同。他們似認為一切對立，都不是截然的。在對立的兩極端之間，還有一段較長的中間過程。我們若不忽過此一段中間過程，則此對立的兩極端，只是此一體之兩端而已。換言之，只如一條線上之兩點。如是則兩極端並不對立，並不相反，而是彼此相通，一以貫之的。如是則一切對立的矛盾，全可統一，而且並不要在超越此兩極端之對立之外之上來求統一，可卽在此對立的矛盾之本身中間求得了統一。此兩端，卽從其相互接觸的中間過程而消失了他們對立的矛盾，而融和成為一體。這卽是儒家之所謂「中道」。這一新觀點，也是在莊老強調了「宇宙事象是一切相對立的」這一觀念之後而始提出的。易傳說：

易之為書也，原始要終以為質也。六爻相雜，唯其時物也。其初難知，其上易知，本末也。初

辭擬之，卒成之終。若夫雜物撰德，雜聚天地之物，而計量其德。辨是與非，則非其中爻不備。（繫辭下九章）

此說人生界一切事理，主要的不在兩頭，本末始終。而在其中段。我們須認識得此中間過程而應付得宜，始可本末始終，一以貫之。故說：

天下之理得而成位乎其中矣。（繫辭上一章）

陰陽合德。（繫辭下六章）

陰陽相對立，合德則成為一體。此一體當從中位看，卽兩極端之和合處看。中庸也說：

舜其大知也與？舜好問而好察邇言，隱惡而揚善，執其兩端，用其中於民，其斯以為舜乎？（中庸六章）

善與惡，賢與不肖，此是兩端。我們若專從兩端看，則善、惡對立，賢、不肖異類。一邊是堯、舜，一邊是桀、紂。同在一人羣中，自相冰炭。但我們若知此兩極端之中間，還有芸芸眾生之大羣，則如易傳所謂：

善不積不足以成名，惡不積不足以滅身。（繫辭下五章）

他們既非至善，也非極惡。這是大羣人之貌相。成名也不足，滅身也不足。不在善、惡之兩端，而在善、惡之中間。若我們認識得此大羣人之貌相，便知堯、舜、桀、紂，仍是同一人類，而非矛盾對立。因其都與此大羣人相接近，相類似。有差等而非絕殊。如是我們自知人世間並無絕對的善，亦無絕對的惡。善、惡只是比較的，相對的。但宇宙自然之道是如此，而人道則當隱惡而揚善，必知小善非無益而必為，小惡非無傷而必去，人羣乃有日新趨善之望。故曰：

回之為人也，擇乎中庸，得一善則拳拳服膺，而弗失之矣。（中庸八章）

當知善不專在極端處，而在中庸處。「好問好察邇言」，便是舜之樂取於人以為善。「擇乎中庸」，並不是教人在兩極端上同樣打一折扣，像莊子所說，「為善無近名，為惡無近刑」。卻要我們同時把握到此兩極端而認識其一以貫之的整全體。那我們自知在此整全體上由此達彼，卻又不是要我們站在這一頭來打倒那一頭。若果站在這一頭來打倒那一頭，這卽是論語所謂「攻乎異端，斯害也已」。天地間不能有陽而無陰，但我們卻要設法助陽長，使陰消。此卽「中庸之道」，根本不認有截然兩端之對立。

看若對立，而其間實有一相通相和之中性存在。此中性並非反自然，而成為人道之至善。故曰：

君子和而不流，強哉矯。中立而不倚，強哉矯。（中庸十章）

中處卽是其和處，卽是此兩極端之交互通達而合一處。中庸說：

天地之大，人猶有所憾。（中庸十二章）

人若要站在任何一極端上，則實無此一極端可站。至惡不論，卽至善實亦無此極端。試問天地是否算得上至善？除卻像西方宗教裏的上帝是至善以外，便只有中庸之道可算得至善。因為中庸之道，是：

庸德之行，庸言之謹。（中庸十三章）

只在一點一節小處上計較，步步走向善的一邊，此事愚夫愚婦都能。但要走到至善極端，此則大聖大賢亦不足。縱是桀、紂，亦何嘗窮兇極惡，絕無絲毫與堯、舜相似處？此亦只有撒旦與上帝纔是站在善、惡的兩端，易傳裏的陰陽觀念便絕不同。論善惡如此，論是非亦然。是與非也不是截然對立之兩敵體。但我們必要在此渾然一體中明辨是非，所以需要博學、審問、愼思、明辨、篤行。若天地間早有此兩種截然對立之是與非，則站在是處了便絕沒有非，站在非處了又更不能有是。豈不省力？豈不易辨？無奈天地間並無這樣截然對立的是非。若使有，則在其終極處。所謂「其初難知，其上易知」。人類則只有永遠下學而上達，永遠在過程中。所以易卦終於未濟。若站在終極處，則天地滅絕，更無演進，更無變化。所以就理論上言，應該求出此兩極端；就實踐上論，則很難遇見此兩極端。所以說「執其兩端，用其中於民」。用卽是實踐。在人世間的實踐，則既非上帝，也非魔鬼，善惡是非之辨，往往是中間過程之相對，而非兩極之絕對。如是則理論與實踐也便自成為兩極端。我們仍須執兩用中，把理論與實踐之兩極端中和起來，一以貫之。這是儒家中庸的辨證法。此理論驟然極難說得明白，但人人卻不知不覺地都在照此中庸的辨證法實踐。我們應該使人明白這一番他們自己早在實踐著的理論。但若小人（知識短淺人。）聞此理論，便謂天地間既無截然相反的善惡是非，善惡是非還是相通的一體，如此我們又何必再博學、審問、愼思、明辨、篤行，得一善則拳拳服膺弗失呢？故曰：

君子之中庸也，君子而時中，（可離非道，戒愼恐懼。）小人之中庸也，小人而無忌憚也。（從莊老認入，很多便走上了無忌憚。）（中庸二章）

我們若把易傳、中庸這一番理論，較之莊老道家所言，不能不說是又進了一步。其實易傳、中庸裏此等思想，在論語、孟子中均已說及，只是引而未發，必得經過莊老道家一逼，始逼出易傳與中庸來。易傳與中庸的作者，從來也沒有人知道。可見孔、孟、莊、老，縱是大智大慧，還有許多不知名人和他們比肩相次。老子也便是一不知名人。智愚似對立而亦非對立，豈不又是儒家中庸辨證法的一個當面例證嗎？而且若用思想史的眼光來看，我們又如何定說孔孟是而莊老非呢？因為由孔孟纔生起莊老，由莊老纔引出易傳與中庸，都非截然的，都是相通的，都在一過程中，這又不是儒家中庸辨證法一當面的例證嗎？

一八　大學與禮運

中國思想，自始卽偏重在人生界，因此對政治問題，普遍異常重視。但上文所述，對各家政治思想，均未能詳細闡說，此刻當提出大學一書，為儒家政治思想之代表。舊說易傳乃孔子作，中庸乃子思作，大學則出於曾子。其實易傳、中庸、大學，同為秦、漢之際幾部無主名的作品。而大學也如易傳、中庸般，同為後來中國思想界所尊重，與傳述。

大學與中庸，同是兩篇短文，收集在西漢流行的小戴禮記中。惟大學專論人事，不涉天道。此書有三綱領八條目。他說：

大學之道，在明明德，在親民，在止於至善。

此是大學三綱領。又說：

古之欲明明德於天下者，先治其國。欲治其國者，先齊其家。欲齊其家者，先修其身。欲修其身者，先正其心。欲正其心者，先誠其意。欲誠其意者，先致其知。致知在格物。物格而后知至。知至而后意誠。意誠而后心正。心正而后身修。身修而后家齊，家齊而后國治，國治而后天下平。

此是大學八條目。此八條目中最要一條則為「修身」。亦是八條目中中間的一條。故曰：

自天子以至於庶人，壹是皆以修身為本。其本亂而末治者否矣。其所厚者薄，而其所薄者厚，未之有也。此謂知本，此謂知之至也。

其實三綱領：明明德、親民、止於至善，俱是「修身」事。格物、致知、誠意、正心，亦是「修身」

事。此即「明明德」，傳謂之「盛德」。易齊家、治國、平天下，仍是「修身」事。此即親民，傳謂之大業。易地位不同，事業不同，其為「修身」則一，其為「止於至善」亦一。

何以說「致知在格物」呢？物即孟子「萬物皆備於我」之物，即指萬善萬德。格，到達義。如今云及格。人生實踐，必到達此萬善萬德之理想標準，始是知至，始是意誠，始是心正，始是明明德。此就對內言。若就對外言，即此已是齊家、治國、平天下，已是親民，已是止於至善了。如孝是明德，孝必有對象，明我之明德而孝於父母，即是親民，即是齊家。

大學的貢獻，在把全部複雜的人生界，內外，心與行，德與業，知與物，我與人。本末，身與家、國、天下，個人與社會大羣。先後，舉出一簡單的觀念與系統來統統包括了。這是人生哲學裏的一元論，也還是一種德性一元論。其實也還是中庸之所謂「明善」與「誠身」。在這人生一元論裏，政治只是一種文化事業，只是一種道德事業。國家只如家族般，只是社會大羣中應有之一機構。此種社會大羣，應以全人類即天下。為其充量至極之最高階層。但每一個人，卻在此全人類大羣中各佔一中心主要地位。善是人生最高理想，而善即是人心內在所固有。明德。把此人心內在固有之善，發揮光大，明明德，即止至善，內包格物、致知、誠意、正心。則全人類可到達一終極融和之境界。親民，亦即止至善，內包齊家、治國、平天下。而此種事業，則在每一人身上平等負擔。修身。此雖孔孟傳統，都講這些話，但在大學裏纔開始最簡單最明朗地系統化的說出了。

連帶將說到禮運。禮運也是編集在小戴禮記中一篇無主名的作品。大概也出在荀卿之後，秦、漢之際，同樣是會通百家後的新儒家理論。這一篇文字，在前雖沒有獲得像大學、中庸般受注意，但最近百年來的中國思想界，特別提出這一篇文章，實因其代表了古代新儒家思想之又一面。大學較偏重政治，而禮運則較偏重經濟，似乎平天下更重過了治國。但都根據儒家態度，要來解決全部複雜的人生問題，而求到達一理想人生的新境界，完成一理想的人文社會之「烏托邦」這一點禮運、大學可謂是異曲同工，貌離神合的姊妹篇。他說：

大道之行也，天下為公。選賢與能，講信修睦。故人不獨親其親，不獨子其子。使老有所終，壯有所用，幼有所長，矜寡孤獨廢疾者皆有所養。男有分，女有歸。貨惡其棄於地也，不必藏於己。力惡其不出於身也，不必為己。是故謀閉而不興，盜竊亂賊而不作，故外戶而不閉，是謂大同。今大道既隱，天下為家，各親其親，各子其子。貨力為己。大人世及以為禮，城郭溝池以為固，禮義以為紀，以正君臣，以篤父子，以睦兄弟，以和夫婦，以設制度，以立田里，以賢勇知，以功為己。故謀用是作，而兵由此起。禹、湯、文、武、成王、周公，由此其選也。此六君子者，未有不謹於禮者也。以著其義，以考其信，著有過，型仁講讓，示民有常。如有不由此者，在勢者去，眾以為殃。是謂小康。

此把理想的人生社會分為兩級。到達治國階段的僅是「小康」世界，必待到達平天下階段，纔是「大同」世界。在治國階段的人，終不免為己為私，化不盡家族觀與國家觀。必到平天下階段，那時並不是沒有家族，沒有國家，但為己、為私的觀念化了，變成為公、為眾，這纔是人生理想的至善境界之眞實到達。其實這一境界，仍是人人修身、明明德、親民、止於至善之終極後效。禮運思想，還是儒家思想之推衍。但提高了「道」的地位，抑低了「禮」的地位，這已融受了道家觀念。「人人不獨親其親，不獨子其子」，亦已融受了墨家觀念。從孟子「老吾老以及人之老，幼吾幼以及人之幼」，即可達此境界。禮運不從純墨家觀點所謂「視人之父若其父」立說，而接受其對於各愛其家不愛異家之攻擊。並頗重經濟生產立場，較之荀卿僅用經濟分配觀點來擁護禮之效用的說法又轉了一方向。這些都可指出當時思想界，調和異家別派，希望獲得更高出路之一種努力。

一九　鄒衍與董仲舒

思想走上調和折衷的路，已經是思想的衰象，顯示沒有別開生面的氣魄了。但中國古代思想眞實的衰象，應該從漢武帝時代的董仲舒開始。仲舒在當時，見稱為醇儒，由其專據儒家古經典立說。當時的學風，顯然重在左右采獲，調和折衷，仲舒亦未能自外。他一面是左右采獲，一面又專據古經典，不能有更高更新的創闢與發揮，於是遂成為附會。其實仲舒思想的主要淵源，只是戰國晚年的陰陽家鄒衍，更使仲舒思想，由附會而轉入怪異，遂使此後的思想界中毒更深。

鄒衍猶如惠施，著書甚富，但都失傳了。惠施的書，在漢初已不見。鄒衍在西漢則尙為顯學，其書失傳在西漢之後。

鄒衍思想，今略見於司馬遷史記，他亦想融會儒、道。他喜歡講天文，講地理，（連講到生物。）講古史，汪洋自恣，作荒唐無端崖之辭，近似莊子。但莊子所說是想像，是寓言，而鄒衍卻實有其事般像科學，像眞歷史，因此為世俗所重視。他講五天帝，（根據當時天文學金、木、水、火、土五行星之新智識。）講大九州，（中國九州只是大九州之一州。）講上古五人帝，（儒家只道堯、舜，五帝之說起於鄒衍，此後又上增九皇，下列三王，其說已略見於易傳，而為董仲舒一派所續定。）他想把天文、地理、歷史用一個公式來配搭在一起。是極富想像與組織精神的。他在古代學派中被目為陰陽家。他既勇於想像，巧於組織，但漫衍失其眞義。他的一支派遂流為神仙方士。直到近代，中國下層社會種種醫、卜、星、相都與陰陽家有關，都可納入鄒衍傳統。

鄒衍學說之最大影響，在其重建古代天帝的舊信仰。但他別創新說，認為天帝有五，（青、黃、赤、白、黑。）循環用事，以之配合四方與五色，四時與五行，（東方春令木德青色帝，南方夏令火德赤色帝，西方秋令金德白色帝，北方冬令水德黑色帝，中央土德黃色帝。）一切人事、物理、天象，都用金、木、水、火、土五行相生相剋之理來解釋。宗教、自然科學與人文歷史，雜投一鑪，做成大雜膾。這一派說法所給與後代中國思想界的潛勢力與惡影響，實在太大了。最要的是他們的尊神論，其次是他們的尊君論，又其次是他們的比合附會的思想方法而引生起後代種種的迷信與假科學。此書篇幅所限，卻不能替他們做詳細的敘述。

董仲舒在百家龐雜中獨尊孔子，頗似荀卿，但他承襲鄒衍，來講天人相應。他說：

聖者法天，此承鄒衍。賢者法聖，此承荀卿。春秋善復古，譏易常，欲其法先王也。然而介以一言曰王者必改制。僻者得此以為辭，曰：「古苟可循，先王之道何莫相因？」此指如韓非之徒。此聞其名不知其實也。所謂新王必改制者，受命於天，易姓更王，非繼前王而王也。受命之君，天之所大顯也。今天大顯已物，襲所代而率與同，則不顯不明，非天志。故必徙居處，更稱號，改正朔，易服色，此承鄒衍。若其大綱人倫道理政治教化習俗文義盡如故，亦何改哉？此承荀卿。故王者有改制之名，無易道之實。（春秋繁露楚莊王）

又曰：

春秋之法，以人隨君，此承荀卿。以君隨天。此承鄒衍。（春秋繁露玉杯）

又曰：

上通五帝，下極三王，以通百王之道，此承荀卿。而隨天之終始。此承鄒衍。博得失之效，而考命象之為極

理，以盡情性之宜，則天容遂矣。此承鄒衍。百官同望異路。一之者在主。率之者在相。此承荀卿。（春秋繁露符瑞）

荀卿是儒家之逆轉。儒家所重在人之情性，孟子曰：「聖人先得我心之所同然耳。」荀卿則抑低人性，性惡。來尊聖法王。鄒衍是道家之逆轉。道家所重在天地自然之法象，老子曰：「天法道，道法自然。」鄒衍則在自然法象之後面尋出五位有意志有人格之天帝。一切自然法象，皆由此五天帝發號施令。荀卿、鄒衍各走極端，荀卿主以人勝天，鄒衍主以人隨天。而董仲舒則想綜合此兩家。於是天並非自然，並非法象，而確然為有人格有意志的天帝。但天帝有五，他們亦遵循自然法象而更迭當令。於是後人又要在五天帝上增設一昊天上帝。在地上代表此天帝的則為王者。受命之王。此將轉退到春秋以前之素樸觀念。董仲舒又想抑低王者地位來讓給聖人，於是孔子成為「素王」，無冕之王，無王者之位，而有王者之道。春秋成為「為漢制法」之書。李斯、韓非主張以吏為師，以時王法令為學。西漢儒者變其說，主張以儒為師，以春秋為法令，即以春秋為學。把尊聖尊法來代替鄒衍尊天帝尊人王的舊觀念，此在思想史上還是有挽救，有貢獻。但在思想方法上，依然不能與鄒衍割席。於是西漢學風，轉入拘牽迂怪，以經典注釋來代替思想，以事象比附來代替證據，這是一大病害。但鄒衍思想到底轉不成宗教，此受道家影響。荀卿思想也走不上帝王專制，此受儒家影響。於是董仲舒一派的西漢經學，終於要轉歸「內聖外王」之最後目的，即以聖人來做新王。於是從公羊春秋促成王莽禪讓。但於中國思想史上所要解決的大題目終是無所貢獻。

二〇 王充

此種由鄒衍、董仲舒相傳，把天人古今，配搭比附，糾纏不清的模糊觀點，到王莽時代而弊病襮著，思想界急於要脫出此陷穽，來澄清一切氛霧，首先起來做摧陷廓清工作者是東漢初年王充的論衡。他說：

論衡篇以十數，一言曰疾虛妄。（論衡佚文）

西漢的思想界，尤其在思想方法上，自董仲舒以下，實在不免陷於虛妄，王充所首先攻擊者，即是天有意志與天人相應之說。故曰：

天之不故生五穀絲麻以衣食人，猶其有災變不欲以譴告人也。物自生而人衣食之，氣自變而人畏懼之。（論衡自然）

其次則反對聖人先知與神同類之說。故曰：

所謂神者，不學而知。所謂聖者，須學以聖。以聖人學，知其非神。聖不能神，則賢之黨。（論衡實知）

又曰：

使聖人達視遠見，洞聽潛聞，與天地談，鬼神言，知天上地下之事，乃可謂神而先知，與人卓異。今耳目聞見，與人無別，遭事睹物，與人無異。差賢一等耳，何以為神而卓絕？（論衡知實）

夫賢聖者，道德智能之號。神者，眇茫恍惚無形之實。實異，質不得同。實鈞，效不得殊。聖神號不等，故謂聖者不神，神者不聖。（論衡知實）

天地自然，聖與賢類，不與神等，此在春秋戰國，實屬尋常共是之說。惟自鄒衍、董仲舒以下，天有五帝，孔子亦神化，則王充此種見解，實不得不認為當時豁蒙抉瞽之偉論。

其三，王充又深斥是古非今之偏見，故曰：

上世治者，聖人也。下世治者，亦聖人也。聖人之德，前後不殊，則其治世古今不異。（論衡齊世）

孟子曰：「先聖後聖，其揆一也。」惟漢儒神化了孔子，乃若千古遙遙，惟出一聖。王充此論，於昔為常談，在當時亦成創見。又曰：

上世何以質朴，下世何以文薄？彼見上世之民，飲血茹毛，無五穀之食。後世穿地為井，耕土種穀，飲井食粟，有水火之調。又見上古巖居穴處，衣禽獸之皮，後世易以宮室，有布帛之飾。則謂上世質朴，下世文薄矣。（論衡齊世）

此說亦足解莊老鄙薄文化頌讚上古自然之蔽。然王充私心所宗，實在黃老。故曰：

說合於人事，不入於道意，從道不隨事，雖違儒家之說，合黃老之義也。（論衡自然）

又曰：

> 夫論不留精澄意，苟以外效立事是非，信聞見於外，不詮訂於內，是用耳目論，不以心意議也。夫以耳目論，則以虛象為言。虛象效，則以實事為非是。故是非者，不徒耳目，必開心意。墨議不以心而原物，苟信聞見，則雖效驗章明，猶為失實。失實之議難以教，雖得愚民之欲，不合知者之心，喪物索用，（溺喪於外物以求用也。）無益於世，此蓋墨術所以不傳也。（論衡言毒）

墨子論學有「三表」，上本之上古聖王之事，下原察百姓耳目之實，發以為刑政，觀其中國家百姓人民之利。此三者，皆為王充所不取。上古聖王之事載於歷史，亦猶當前百姓耳目之實，皆徒賴見聞，須能留精澄意，詮訂於心，始可得其實際之意義。若僅求其說可資利用，而不追問其虛實，則勢將轉認實事為非是。王充極反此種態度，故曰「寧從道，不隨事」。這是說功利觀點不足為眞理之標準。墨子根據三表而信有天志，有鬼，鄒衍思想頗與墨子有淵源，儒家自董仲舒以下，亦折與同流，王充力反時趨，獨尊黃老，正為黃老一主天地自然，最不信鬼神上帝之說，王充捉緊這一點，遂開此下魏、晉新思想之先河。

二一 魏晉時代

兩漢思想，董仲舒是正面，王充是反面，只此兩人，已足代表。董仲舒上承鄒衍，王充則下開魏、晉。魏、晉人在中國思想史上之貢獻，正為其能繼續王充，對鄒、董一派天人相應，五行生剋，及神化聖人等迹近宗教的思想，再加以一番徹底的澄清。

二二 王弼

王充只是魏、晉新思想的陳涉、吳廣，若論開國元勳，該輪到王弼。王弼在這一時期思想史上的大勳績，在其能確切指出前一時期思想界所運用的方法上之主要病根，而在正面提出另一新觀點，好作此下一時期新思想之主要泉源。

王弼是一個卓絕天才，在他短短的生命過程中，弼卒時年二十四。注了一部周易，一部老子。他注周易提出兩個極重要的觀點。他說：

象者，出意者也。言者，明象者也。盡意莫若象，盡象莫若言。言生於象，故可尋言以觀象。象生於意，故可尋象以觀意。意以象盡，象以言著，故言者所以明象，得象而忘言。象者所以存意，得意而忘象。存言非得象者也。存象非得意者也。象生於意而存象焉，則所存者乃非其象也。言生於象而存言焉，則所存者乃非其言也。然則忘象者，乃得意者也。忘言者，乃得象者也。（周易略例明象）

「象」之一字由老子首先提出，易傳本之大加發揮，漢儒沿此入迷，認為天地間一切之象莫不有甚深甚秘之意義，於是說符瑞，說災異，好像眞有一天帝在顯象詔告人，而易經遂變成一部發現天地奇秘的、可以前知一切人事的聖書。其實易經裏的卦象，只是作易者憑以說出其心中作意的一項工具。我們研究易經，所貴在透過此種卦象來明瞭作易者之本意。所以王弼說：

易者象也，象之所生，生於義也。（易乾卦文言）

即就天地間自然之象言，其本身亦並無意義存在。天地只是一自然，其所具之意義，乃由觀象者心意中生出，而賦予之於外象。即如老子所云天地間之種種對立，其實也是人心中有此一對立的觀念，再指點出許多外象來藉為說明。詳在易傳中庸章。因此天地間一切事理，實皆出在人心意中而不在外面的象上。若昧卻心意，而循象求之，則成為王充之所謂「虛象」。王弼說：

一失其原，巧愈彌甚，縱復或值，而義無所取，蓋存象忘意之由也。（周易略例明象）

以上引的是王弼論易象，下面再引王弼論易數的一節話。王弼說：

變者，情偽之所為也。夫情偽之動，非數之所求也。故合散屈伸，與體相乖。形躁好靜，質柔愛剛，體與情反，質與願違。巧歷不能定其算數，聖明不能為之典要，法制所不能齊，度量所不能均也。故苟識其情，不憂乖遠，苟明其趣，不煩強武。能說諸心，能研諸慮，睽而知其類，異而知其通。故有善邇而遠至，命宮而商應，修下而高者降，與彼而取此者服矣。是故情偽相感，遠近相追，愛惡相攻，屈伸相推，見情者獲，直往則違。（周易略例明爻通變）

這是說人生界一切變動，其主因在乎人之情偽。此種情偽之變，決非數理所能窮，算法所能得。用近代語說，數理只能發明物理，不能推算人情。而人事變動，則主要在人情，不在物理。漢儒誤認人事決定於天心，於是希望從自然界一切表象中，運用數理來推算出種種的預兆。漢儒都好用天文、曆法、音樂以及其他一切數字來推驗人生之變。這本是一大錯誤。兩漢學風，總想根據宇宙界來推驗人生界，於是運用象數之學來推驗宇宙，易經便成為他們前知的聖書，為他們的最高哲理。現在王弼把人生本身的出發點情、意二字來替換出象數。若要推究人生界一切變化，樹立人生界一切義理，應該從認識瞭解人生本身內部之情意入手，不該在天地自然界外面的象數上空摸索。這是何等直截了當，親切而明快的意見？只此兩節話，不僅把漢儒全部的易學研究法變換了，而且把當時整個關於人生界的思想方法和理論根據都徹底翻轉了。這焉能不說是王弼的大貢獻？從先秦以來，像名、墨兩家，用名辨演繹來推定眞理，像鄒衍、董仲舒用天地法象來窺探眞理，就中國傳統思想言，都靠不住，都該糾正。王弼在此方面，可說是站在中國傳統思想裏的正宗地位的人。西方哲學界，也曾有人想把象數之理來抉發宇宙秘奧，再由之啟示出人生眞理的，而且亦不在少數。王弼的理論，實該可以提供作人類思想史上一個值得探討的問題呀！

在王弼思想裏，想把宇宙觀回歸到莊、老，而把人生觀則回歸到孔孟。易乾卦象曰：「時乘六龍以御天，乾道變化，各正性命。」王弼注：

天也者，形之名也。健也者，用形者也。

此處簡捷肯定地說，天只是形之名，便把鄒、董以來兩漢陰陽、儒家雜糅的五天帝說一筆勾銷了。天祇是一「形」，而用形者是「健」，「健」是一種德性。德性為主，故能用形。形體為從，故祇被用。這是深合於儒家德性一元論的觀念的。

晉書（王衍傳。）說：

> 魏正始中，何晏、王弼等祖述老莊立論，以為天地萬物皆以無為本。無也者，開物成務，無往而不存者也。陰陽恃以化生，萬物恃以成形，賢者恃以成德，不肖恃以免身。

其實何晏、王弼之所謂「無」，皆本老子，即指「道」言，即指「自然」言。乃指此道之自然，在道外更無一主宰運使此道者。（如天帝。）何晏、王弼只針對當時的思想界而提出他們的一種新宇宙論，一種無天帝主宰的自然宇宙論，並非虛無主義。王弼云：靜非對動，寂然至無，是指「無為」言，不指「無有」言。但牽涉到人生論，則何晏、王弼意見又異。何晏嘗謂「聖人無喜怒哀樂」，王弼則與晏持異見。他說：

> 聖人茂於人者，神明也。同於人者，五情也。神明茂，故能體沖和以通無。五情同，故不能無哀樂以應物。然則聖人之情，應物而無累於物者也。今以其無累，便謂不復應物，失之多矣。

（三國志魏書鍾會傳裴松之注）

何晏主聖人無情，近道家。王弼主聖人有情，近儒家。德性正從情見。有情而不害其無累，故王弼常盛讚剛德。其注易有曰：

成大事者必在剛。陽，剛直之物也。夫能全用剛直，放遠善柔，非天下至理，未之能也。（乾卦文言傳注）

又曰：

用純剛以觀天，天則可見矣。

孔子嘗說「棖也慾，焉得剛」，又說「剛毅木訥近仁」。孟子說「浩然之氣至大至剛以直」。儒尚剛，道尚柔。王弼謂聖人有情無累，累由欲生，不由情起。應物非有為。此等處發揮儒理極精闢。裴徽謂王弼曰：「無者，誠萬物之所資，然聖人莫有致言，而老子申之無已者何？」王弼曰：

聖人體無，無又不可以訓，故不說也。老子是有者也，故恒言無，所不足。（三國志魏書鍾會傳裴松之注）

此處評老子「是有」，可謂中肯破的之語。老子實是一精於打算的人，他以有為為目的，以無為為手段。孔子始是無所為而為，絕無作為作用存其心中，纔始是一個剛者。王弼並不認老子為聖人，其注老子，頗持異見，凡老子書中權謀術數之意，弼注皆不取。

中國思想史在後代所常用的「體用」二字，其先亦起於弼之老子注。其說曰：

大之極也，其唯道乎！自此以往，豈足尊哉。故雖盛業大富而有，萬物猶各得其德。雖貴以無為用，不能捨無以為體也。不能捨無以為體，（下不能二字疑衍。）則失其為大矣。所謂失道而後德也。（老子三十八章注）

此言雖天地聖王，盛業大富有，然不害其下萬物之各得其德。老子言「以無為用」，王弼則言亦「不能捨無以為體」。此即後人所謂體用一源也。王弼意，孔子能以無為體，而老子是有者，則豈不將捨無以為體乎？以無為用故有得，然捨無為體，則成為失道而德矣。老子曰：

三十輻共一轂，當其無，有車之用。埏埴以為器，當其無，有器之用。鑿戶牖以為室，當其無，有室之用。故有之以為利，無之以為用。（老子十一章）

是老子言無之用也。然不能捨棄其憑藉無以為用之一觀念，是其不能「體無」也。弼注又曰：

載之以大道，鎮之以無名，則物無所尚，志無所營，各任其貞，事用其誠，則仁德厚焉，行義正焉，禮敬清焉。（老子三十八章注）

則在弼之意，固非不主有仁德行義禮敬也。其用「貞」字「誠」字，皆從易、中庸來。是弼雖注老，仍本儒義。其答裴徽之問，非姑焉苟焉而已也。

故弼之注老，常見有申儒義而違老書之原旨者。如老子曰：

生而不有，為而不恃，長而不宰，是謂元德。（老子十章）

王弼注說之曰：

不塞其原，則物自生，何功之有。不禁其性，則物自濟，何為之恃。物自長足，不吾宰成，有德無主，非元而何。凡言元德，皆有德而不知其主，出乎幽冥。

此注實用儒家義，卽是一種德性一元論。謂一切物之生與為與長，皆出物之自性自德也。而老子書之原義，則言聖人以道治國，生之、為之、長之。雙方意見絕不同。後人釋老子此條，亦絕少用王弼義。老子又曰：

天地不仁，以萬物為芻狗。（老子五章）

王弼注說之曰：

天地任自然，無為無造，萬物自相治理，故不仁也。仁者必造立施化，有恩有為。造立施化，則物失其眞。有恩有為，則物不具存。物不具存，則不足以備載矣。

又曰：

> 棄己任物，則莫不理。

此皆王弼自申其「以無為體」之義。以無為體，故能棄己任物也。其實棄己任物非不仁，此是王弼義，非老子義。惜乎後人乃少能辨之者。王弼又注「上德不德」數語云：

> 天地雖廣，以無為心。聖王雖大，以虛為主。故曰：以復而視，則天地之心見。至日而思之，則先王之至覩也。故滅其私而無其身，則四海莫不瞻，遠近莫不至。殊其己而有其心，則一體不能自全，肌骨不能相容。是以上德之人，唯道是用。不德其德，無執無用，故能有德而無不為。不求而得，不為而成，故雖有德而無德名也。（老子三十八章注）

此云「滅其私而無其身」，卽孔子「克己復禮為仁」之旨也。其曰「不德其德，無執無用」，卽孔子之稱舜禹「有天下而不與」，又曰「巍巍乎唯天為大，唯堯則之，蕩蕩乎民無能名」之義也。其引易復卦，弼之注易詳言之，曰：

> 復者，反本之謂也。天地以本為心者也。凡動息則靜，靜非對動者也。語息則默，默非對語者也。然則天地雖大，富有萬物，雷動風行，運化萬變，寂然至無，是其本矣。

老子講對立，為王弼所不取。老子講「有之以為利，無之以為用」，而王弼講「無用」，「無用」非「以無為用」也。老子講道，言用不言體，而王弼則曰「道體無」。老子言「道生一」，而王弼必曰：「何由致一，由於無。」王弼必提出一「無」字在「道」字之上，此乃針對兩漢儒生采陰陽家言五天帝之謬妄而特加以糾矯。而其注老子，則往往潤色之以儒義。宋儒晁說之謂弼深於老子，「其於易，多假諸老子之旨，而老子無資於易者」，此恐為皮相之見。因易傳本出老子後，故有假老子之旨者。至王弼注老，實多采其注易之義，換言之，乃是以儒家言注老也。惜早死，未見其學之所止。

二三　郭象與向秀

王弼注老，郭象注莊，後世推為道家功臣，其實他們兩人思想絕不同。若謂郭象注莊亦有貢獻，則只在其反覆發揮魏、晉時代那一種無神的、自然的新宇宙觀之一端。他說：

天籟者，豈復別有一物哉？卽衆竅比竹之屬，接乎有生之類，會而共成一天耳。無旣無矣，則不能生有。有之未生，又不能為生，然則生生者誰哉？塊然而自生耳。自生耳，非我生也。我既不能生物，物亦不能生我，則我自然矣。自己而然，則謂之天然。天然耳，非為也，故以天言之。以天言之，所以明其自然也。豈蒼蒼之謂哉？故天者，萬物之總名也。莫適為天，誰主役物乎？故物各自生而無所出焉，此天道也。（齊物論注）

此釋「天」與「自然」極明晰。「天」僅是萬物之總名，非別有一物為天。萬物之生皆由「自然」。卽自己而生，亦並無一出生萬物之天。此說涵有兩義，一則天地萬有皆自然生，由「自然」生，並非由「無」而生。二則「自然」卽是「無為」，故天地萬有之體，乃無為，非無有。此義郭象乃承之王弼，而較弼所言尤明晰。郭象本此而說造化與造物者，其言曰：

夫造物者，有邪？無邪？無也，則胡能造物哉？有也，則不足以物眾形。故明眾形之自物，而後始可與言造物耳。故造化者，無主而物各自造，物各自造而無所待焉，此天地之正也。故彼我相因，形景俱生，雖復玄合，而非待也。明斯理也，將使萬物各反所宗於體中，而不待乎外。外無所謝，而內無所矜，是以誘然皆生而不知所以生，同焉皆得，而不知所以得也。則萬物雖聚而共成乎天，而皆歷然莫不獨見矣。（齊物論注）

若謂物生必有待，則所待者又有待，其最後必待一造物主，而此造物主又何由生？若謂造物主亦一物，（即有。）則必仍有其所待。若謂造物主並非一物，（即無。）則無不能生有。謂萬物生於一非物，（即上帝。）不如謂萬物之各自生，即生於「自然」。此義至郭象始闡釋詳盡。郭象意見，並不與莊、老相同。莊、老皆重言「道」，王弼繼之言「道體無」，故郭象乃專言「自然」。故曰：

> 誰得先物者乎哉？吾以陰陽為先物，而陰陽者即所謂物耳。誰又先陰陽者乎？吾以自然為先之，而自然即物之自爾耳。吾以至道為先之矣，而至道者乃至無也。既以無矣，又奚為先？然則先物者誰乎哉？而猶有物無已，明物之自然，非有使然也。（知北遊注）

此處闡述自然更暢透。老子「有物先天地」，似認確有一所謂「道」者，先天地而存在。王弼始言道體為無，故郭象曰「至道為至無」。既屬至無，則不得先天地而存。故曰：

> 非唯無不得化而為有也，有亦不得化而為無矣。是以夫有之為物，雖千變萬化，而不得一為無也。不得一為無，故自古無未有之時而常存也。（知北遊注）

此等處，較之王弼，顯進一層。雖曰注莊，實是自立己說。又曰：

有之未生，以何為生乎？故必自有耳。豈有之所能有乎？此所以明有之不能為有而自有耳，非謂無能為有也。若無能為有，何謂無乎？（庚桑楚注）

依郭象之意，天地間惟是一常有，絕無所謂無。而「有」不能生「有」，苟「有」必待「有」而生，則最先之「有」復何待？故「有」不能為有而自有，如是則天地永為一自然。此種說法，可謂是郭象之創解。其實乃襲自王弼，又襲自裴頠之崇有論。故曰：

一者，有之初，至妙者也。至妙故未有物理之形耳。夫一之所起，起於至一，非起於無也。然莊子之所以屢稱無於初者，何哉？初者未生而得生，得生之難而猶上不資於無，下不待於有，突然而自得此生矣。

又曰：

道故不能使有，而有者常自然也。（則陽注）

又曰：

此皆不得不然而自然耳，非道能使然也。（知北遊注）

物所由而行，故假名之曰道。（則陽注）

故莊老貴言道，王弼言道體無，郭象皆所不取。郭象之所貴只曰「有」，曰「自然」。把「道」與「自然」分別了。但莊老言道，其背後尚有一歷史演變。惟莊老意態消極，故其言變乃多退而少進。今如郭象之言自然，乃無歷史演變性寄寓在內，此則郭象意態淺薄之一徵。

然郭象雖不貴言「道」，而頗愛言「理」。蓋言「道」，則若在事先，有使然之義。言「理」，則在事中，在事與事之間。言「理」不害「自然」，故郭象喜言之。其言曰：

人之生也，形雖七尺，而五常必具，故雖區區之身，乃舉天地以奉之。故天地萬物，凡所有者，不可一日而相無也。一物不具，則生者無由得生。一理不至，則天年無緣得終。然身之所有者，知或不知也。理之所存者，為或不為也。故知之所知者寡，而身之所有者眾。為之所為者少，而理之所存者博。（大宗師注）

此段陳義亦精。蓋天地間物理皆相通，一物之所賴以生者，其理之所存甚博。物自不知，亦並不由其物之所自為。其出於知與為者常少，其存於無知與不為者常多。故曰：

知人之所為者有分，故任而不彊。知人之所知者有極，故用而不蕩。故所知不以無涯自困，則一體之中，知與不知，闇相與會而俱全矣。（大宗師注）

莊、老言道德，王弼亦言道德，惟采儒家義。而郭象則只言自然。乃謂凡天地間一切事物，成於有知而為之者常少，成於無知而自然者常多。推此義極言之，則殊不能無病。其言曰：

天者，自然之謂也。夫為為者不能為，而為自為耳。為知者不能知，而知自知耳。自知耳，不知也。不知也，則知出於不知矣。自為耳，不為也。不為也，則為出於不為矣。為出於不為，故以不為為主。知出於不知，故以不知為宗。故真人遺知而知，不為而為，故知稱絕而為名去。（大宗師注）

此主絕知去為，一順自然，顯與莊、老原旨不同。莊、老所言，實切人生，惟偏陷於消極。郭象之意，則難憑守。自然之理，洵非人所能盡知，亦非人所能盡為，然人生亦豈能一切絕知去為而純任自然？郭象曰：

物理無窮，故知言無窮。然後與物同理。（則陽注）

此義大可商。物理固無窮，然言理者不必無窮，只求其切於當身人事而止，即郭象所謂「知與不知闇相會」而已得。若必為無窮之言，則必無言而後可。自然中自有「知」與「為」與「言」，人生寧必絕知、去為、無言始得謂自然？郭象又曰：

物無不理，但當順之。（知北遊注）

此意亦有病。天地間固無無「理」而存在之物，然人生亦不能盡順外物之一切存在而存在。應自有所得，自有所主。且順理亦待人之知與為，絕知去為而一以「順」為主，非人生之所睎。郭象又曰：

物之生也，非知生而生也，則生之行也，豈知行而行哉？故足不知所以行，目不知所以見，心不知所以知，俛然而自得矣。遲速之節，聰明之鑒，或能或否，皆非我也。故捐聰明，棄知慮，魄然忘其所為而任其自動，故萬物無動而不逍遙也。（秋水注）

又曰：

足能行而放之，手能執而任之，聽耳之所聞，視目之所見，知止其所不知，能止其所不能，用其自用，為其自為，恣其性內而無纖芥於分外，此無為之至易也。（人間世注）

就郭象義，逍遙卽自然，自然卽放任，放任卽無知無為，此豈莊周論逍遙之原旨？其曰「恣其性內」，而郭象實不知性。大抵郭象就宇宙論立場發揮「自然」涵義，有其透切明快處，然已不及莊、老之深至。及其推及到人生論上來運用「自然」涵義，則更不免過分偏陷。雖亦是推廣引伸莊、老之所說，然莊、老實不如郭象之極端。郭象曰：

以其知分，故可與言理也。（秋水注）

此語甚是。人生亦占有大自然中之一分，人生自有人生之理，順人生之理，亦儘可不害於自然，卻不能專就大自然無窮之理來抹殺了人生有限之理。郭象好言理，而仍誤於「不知分」。

故郭象言人生，亦處處與莊子違異。莊子言人生，實有他一套細密工夫，亦有他心中所蘄求的一番理想境界，而郭象則把這些工夫與境界都抹殺了。他說：

其理固當，不可逃也。故人之生也，非誤生也。生之所有，非妄有也。天地雖大，萬物雖多，然吾之所遇適在於是，則雖天地神明，國家聖賢，絕力至知而弗能違也。故凡所不遇，弗能遇也。其所遇，弗能不遇也。凡所不為，弗能為也。其所為，弗能不為也，故付之而自當矣。（德充符注）

此乃成為一種極端的委天順運的悲觀命定論，近於王充，而絕非莊周之本意。莊子在人生消極處不得已處，（如死、如惡疾之類。）常有此一種說法；然把消極處不得已處一切委付於天於命，正要人在理想可能處積極處下工夫。若一切委付於自然，只要存在的，都是合理的，而且不可逃，如是則有自然，無人生。有遭遇，無理想。有放任，無工夫。決非莊子本意。莊子內篇七篇，如逍遙遊、齊物論、養生主、人間世、德充符、大宗師、應帝王，即觀篇題，都知有一番細密工夫，又求能到達一種理想境界，並非純任自然。何嘗如郭象心中所想，一切付之自然而即當？郭象又曰：

夫我之生也，非我之所生也，則一生之內，百年之中，其坐起行止，動靜趣舍，情性知能，凡所有者，凡所無者，凡所為者，凡所遇者，皆非我也，理自爾耳，而橫生休戚於其中，斯又逆

自然而失者也。（德充符注）

此處只認有「理」，不認有「我」，烏可謂之「知分」。莊子以不幸之遇推之於命，是謂達觀。郭象以一切性情知能都委之於理之自然，實為一種不負責任、不求上進之頹廢心理。較之莊周原書，所距不知其幾千萬里矣。

郭象既不認人生有工夫，亦不辨人生有境界。其言曰：

天地以萬物為體，而萬物必以自然為正。自然者，不為而自然者也。故大鵬之能高，斥鴳之能下，椿木之能長，朝菌之能短，凡此皆自然之所能，非為之所能也。不為而自能，所以為正也。

莊子以大鵬為逍遙，郭象則謂大鵬、斥鴳同一逍遙。依莊子當以大鵬為正，依郭象則大鵬、斥鴳各得其正。並以斥鴳為能下，朝菌為能短，皆決非莊子之意。故曰：

夫以形相對，則太山大於秋毫。若各據其性分，物冥其極，則形大未為有餘，形小不為不足。苟各足於其性，則秋毫不獨小其小，太山不獨大其大矣。若以性足為大，則天下之足未有過於秋毫也。若性足者非大，則雖太山亦可稱小矣。故曰：天下莫大於秋毫之末而太山為小。太山為小，則天下無大矣。秋毫為大，則天下無小矣。無小無大，無壽無夭，是以蟪蛄不羨大椿，而欣然自得。斥鷃不貴天池，而榮願以足。苟足於天然，而安其性命，故雖天地未足為壽，而與我並生，萬物未足為異，而與我同得。則天地之生又何不並，萬物之得又何不一哉？（齊物論注）

此段全用莊周語，似應無背於莊周之本旨，而實亦不然。莊周本專就人生言，人之智慧意境有大有小，然人當處其大，不當處其小。以物為譬，則人生當如大鵬，不當效斥鷃。舉人為例，則人當師南郭子綦，不當安於常俗。郭象則謂：斥鷃不羨天池，榮願已足。則變成「大知閑閑，小知間間，大言炎炎，小言詹詹」者，同一自然性足了。當知小知小言，即是在人的性分上不够格，故莊子必於人中分出至人、眞人來，必如此之人，始是性足，始是大人，始可謂有得，若斥鷃之人，蟪蛄之人，可悲可憐，莊子方力斥而屢斥之。大人、至人、眞人正與此等小人有異，烏得謂萬物未足為異而與我同得？

如然，郭象之擅於文辭，長於言辨，於此等處，宜非不知，此乃郭象之故為曲說，以媚當世之權貴，而博一己之榮寵者。蓋莊周即是大鵬，郭象即是斥鷃，內心之慚，亦借以自解嘲。故莊子稱藐姑射之神人，而郭象明非之，曰：

此皆寄言耳。夫神人，卽今所謂聖人也。夫聖人雖在廟堂之上，然其心無異於山林之中，世豈識之哉？徒見其戴黃屋，佩玉璽，便謂足以纓紼其心矣。見其歷山川，同民事，便謂足以憔悴其神矣。豈知至至者之不虧哉？（逍遙遊注）

又曰：

夫聖人之心，極兩儀之至會，窮萬物之妙數，故能體化合變，無往不可。旁礴萬物，無物不然。世以亂故求我，我無心也。我苟無心，亦何為不應世哉？然則，體玄而極妙者，其所以會通萬物之性，而陶鑄天下之化以成堯、舜之名者，常以不為為之耳。孰弊弊焉，勞神苦思，以事為事，然後能乎？（逍遙遊注）

此卽王弼「聖人應物而無累」之說，然郭象說此話時之背景與動機，則大有可議。晉書忠義傳：弘農王粹，以貴公子尙主，館宇甚盛，圖莊周於室，廣集朝士，使嵇含為之讚，含援筆為弔文，曰：

帝壻王宏遠，華池豐屋，廣延賢彥，圖莊生垂綸之象，記先達辭聘之事，畫眞人於刻桷之室，載退士於進趣之堂，可謂託非其所，可弔不可讚也。

又曰：

借玄虛以助溺，引道德以自獎，户詠恬曠之辭，家畫老莊之象。

嵇含此文，說出了郭象當時之世態，與郭象之佞心。郭象乃一熱中貪鄙之人，當時達官貴人，皆浮慕莊老，郭象慕貴達，故其注莊，靦顏昧心，曲說媚勢。莊子理想境界在「逍遙遊」，不得已而始有「人間世」，郭象則只想不離「人間世」而求為「逍遙遊」，此已一謬。莊子以「逍遙遊」意境而得「齊物論」智慧，亦以「齊物論」智慧而達「逍遙遊」意境，郭象則以「齊物」混同於「逍遙」，於是大鵬、斥鷃同等齊列，是謂再謬。結果郭象自身的品德，大為當時人所鄙恥。王衍云：「聽郭象語，如懸河瀉水，往而不竭。」但王衍終為石勒排牆殺卻。郭象害了自己人品，還害了他所媚之人之事業，連帶害了一世人。若眞慕莊子，隱居藐姑射，做一眞人，何至如此。

當時傳說，郭象注莊竊自向秀。此說亦非無因。向秀與嵇康為友，而難嵇之養生論，有謂：

崇高莫大于富貴，富貴天地之情也，皆先王所重，關之自然，不得相外。（難嵇叔夜養生論）

又曰：

> 生之為樂，以恩愛相接，天理人倫，燕婉娛心，榮華悅志，滋味以宣五情，聲色以達性氣，此天理之自然，人之所宜，三王所不易。（同右）

以如此胸襟，如此吐屬，而注莊子，眞是可怪。史稱向：「為隱解，發明奇趣，振起玄風，讀之者超然心悟，莫不自足一時。」其實向秀心中何嘗有奇趣，向秀筆下亦何來有玄風？自曹丕、司馬昭之徒，為偽堯、舜，為偽周、孔，激起阮籍、嵇康逃離名教，崇揚莊子。阮之言曰：「汝君子之禮法，誠天下殘賊亂危死亡之術耳。」嵇之言曰：「每非湯、武而薄周、孔，又讀莊、老，重增其放。」此等意氣，皆針對當時實際人生之一種反動，與何晏、王弼提倡老子虛無自然，以力排兩漢陰陽五行學說之烏烟瘴氣，為針對當時流行的天神宇宙觀之一種反動，兩相會合。而莊、老道家遂成時髦風尚。於是熱中富貴之徒，乃於偽堯舜偽周孔之外，再來做偽莊老。向秀、郭象恃其才辨，為偽莊老文過飾非，豈有不受人譽揚？史稱向秀隨計入洛，文帝（司馬昭。）問曰：「聞子有箕山之志，何以在此？」秀對曰：

> 以為巢、許狷介之士，未達堯心，豈足多慕？（晉書向秀傳）

試問眞學莊子的那會說此話？郭象竊其說注莊子有云：

> 治之由乎不治，為之出乎無為也，取於堯而足，豈借之許由哉？若謂拱默乎山林之中而後得稱無為者，此莊、老之談所以見棄於當塗，當塗者自必於有為之域而不反者，斯之由也。（逍遙遊注）

又曰：

> 若獨亢然立乎高山之頂，守一家之偏尚，此故俗中之一物，而為堯之外臣耳。（逍遙遊注）

向、郭如此曲學阿世，獎勵政治人物放曠不務責任，而尊之曰堯、舜無為，此乃一種偽學。講思想史，應該注意一種偽思想，此亦孟子所謂「知言」之學也。今向秀注已失傳，而郭象注則與莊子並行，讀者對其間異同，不可不辨。

二四　東晉清談

東晉南渡，時代風氣掩過了個人思想，日常生活掩過了文字著作。那是一個輕妙而嬾散的時代。我們要瞭解那時人思想，應該從其生活態度及日常談吐中找，主要如世說新語所載。大體還是承襲西晉。一言蔽之，只是莊子思想之世俗化、富貴化，向秀、郭象佞人哲學之普遍實踐，當時談辨資料，除卻老、莊、易經外，尚有幾個大家喜歡討論的問題。據王僧虔戒子書，見南齊書。一是「聲無哀樂論」，此論乃魏、晉間嵇康所唱。哀樂不在外面的音聲，而在聽樂者的心情。若照此理推演，則外面實際世界一切事物變化，可轉成都不重要，重要的只在自己心懷裏。無怪中原塗炭，半壁偏安，他們還有興趣，捉塵清談，如若無事。二是「才性四本論」，此亦魏、晉間之辯論的老題目。詳論已無考，只知傅嘏論「才性同」，鍾會論「才性合」，李豐論「才性異」，王廣論「才性離」，有此四派意見。不論東晉的名士們，對此問題的異、同、離、合抱如何的見解，要之他們看重性情，認為是先天的、本身的，看輕才業，認為是遭遇的、身外的，則可無疑。如是則人生陷入虛幻玄想，最多是一種「藝術人生」，沒有「道德人生」積極向前奮鬬努力的一種堅強精神。

現在姑舉一例述之。據說當時諸名賢，盡都鑽味莊子逍遙篇，而不能拔理於郭、向之外。時有佛徒支道林，在白馬寺，論及逍遙，為諸名賢尋味所不得，此後遂用支理。這一節記載，卻說明了當時思想界之無生命，無出路，遂不得不降服於西方之佛教。支義大略如下：

夫逍遙者，明至人之心也。莊生建言大道，而寄指鵬鷃。鵬以營生路曠，故失適於體外。鷃以在近笑遠，有矜伐於心內。至人乘天正而高興，遊無窮於放浪。物物而不物於物，玄感不為，不疾而速，此所以為逍遙也。若夫有欲當其所足，足於所足，快然有似天眞，猶飢者一飽，渴者一盈，豈忘烝嘗於糗糧，絕觴爵於醪醴哉？苟非至足，豈所以逍遙乎？（世說新語文學篇注）

這一說，卻把當時諸賢的時代病，一針見血地戳破了。郭象屢言「性足」，其實是認欲作性。一時欲望滿足，快然像似天眞，南渡名士之競尚率眞，其內容實如此。支公提出「無欲至足」一語，一時名賢，禁不住不低頭。但仍有王坦之，重為沙門不得為高士論，大意謂：

高士必在於縱心調暢，沙門雖云俗外，反更束於教，非情性自得之謂。

當時思想界大病，正為認性情不眞切，正為其不自得，此在王弼、阮籍猶不免，遑論向、郭以下。當時人五情六欲，陷溺深了，卻還要縱心調暢，不束於教，這才不得不仰待西方佛法來振救。

二五　南北朝隋唐之佛學

嚴格言之，南北朝、隋、唐，只是一佛學時代。除卻佛學，在思想史上更不值得有多說的。佛學是外來思想，又是一種宗教。中國思想界向少與外來思想接觸，又對宗教情味最淡薄，而佛學入中國，能得普遍信仰，又獲長期傳播，這裏自有契機。第一，佛學與其他宗教不同。宗教都信外力，信天帝，佛教獨崇內力、自力。佛陀只是人中之一覺者，抑且凡具此種覺者都是佛，故有十方諸佛、三世諸佛、恒河沙界諸佛等。蓋以人格觀念而發揮平等義者，此義獨與中國傳統思想相近。二則佛學依法不依人，更要不在覺者，而在其所覺之法。而其對於法性之闡明，重實踐尤重於思辨，此又近似中國思想。第三，一切宗教，都偏重天國出世，佛教雖亦是一出世教，但重在對人生實相之種種分析與理解。佛學無寧是根據於其人生觀而建立其宇宙觀者，又無寧是出發於對人類心理之精微觀察而達成其倫理的主張者。此一點又極近中國之人文中心精神。第四，佛學不取固定的靈魂觀，亦不主張偏陷的唯物論，而寧采取一種流動的生命觀，此層亦與中國見解大體相似。

佛學在中國之發展，大體可分為三期。一是小乘時期，以輪廻果報福德罪孽觀念為主，宗教氣味最濃，此與中國俗間符籙祭祀陰陽巫道相配合。二是大乘時期，自釋道安、鳩摩羅什以下，先空宗，自羅什盡譯三論，（中論、百論、十二門論。）至隋代嘉祥大師吉藏而三論宗達於大成。次有宗，較遲，直到唐代玄奘、窺基而法相、唯識大盛。此以世界虛實，名相有無，為思辨之主題，重在宇宙論方面，幾乎是哲學氣味勝過了宗教，乃與中國莊、老玄學相扶會。三為天台、賢首、禪宗，為中國僧人自己創闢之新佛學，其一切義理，雖從空、有兩宗出，而精神意趣輕重先後之間，則不盡與印度本有之空、有兩宗合。其主要側重點，乃在人生界之自我精修，內心密證，生活上的實踐，更勝於哲理上的思辨，實為更富於中國味。小乘偏教偏信，大乘偏理偏悟，台、賢、禪三宗則偏行偏證。佛學在中國流衍愈盛，卻愈富中國味，這一層大可注意。

佛學之中國化，亦有數理由。一則中國為一單元文化的國家，其思想系統早經發展成熟，故外來思想易調和，不易代興。二則中國思想本質上極富調和融會統一集大成之精神。三則中國人之歷史癖，務求其先後條貫，一向重化不重變。如天台判教，正是中國思想長於綜合，長於歷史性的條貫說明之一好例。四則中國思想側重人文本位，社會人事不易有急劇之大變，一切思想自向此原本位而湊合融化。如賢首宗之「事理無礙」，「一多相涵」，正是將佛教人文化之最圓密的理論。五則中國思想蔑視出世，佛教思想原先為消極厭世者，而一到中國則仍歸於積極入世。佛教本主無我，本主利他，與中國積極淑世精神，一挽即合。六則中、印雙方語言文字不同，影響及於其思想方法之不同。印歐文字如演算草，人心思想常緊隨其文字之抒寫而開展，文思相隨俱前，如見人行路。中國文字如記帳，先在心中想一節，乃在筆下寫一節，思想、文字交互停頓，文字往往只記下思想中逐節逐停之較渾括的結果。如見路上足迹，而不見行者。七，故印歐常由文字演生出理論，雖有奇妙高勝之趣，而不免遠於人事。中國思想則用踐履得觀念，由觀念成記載。就文字論，若簡單零散，不成片段，而平易親切，語語著實。於是禪宗語錄遂為中國佛學論著最後之歸趨。

本書限於篇幅，不能把佛學在中國之演變詳細敘述，特舉兩人，一為南朝竺道生，一為唐代慧能。所以特舉此兩人者，因其特與佛學之中國化有關。

二六　竺道生

竺道生在佛學上之大貢獻有二：一是他提出「頓悟」義，一是他提出「佛性人人本有」義。他說：

> 見解名悟，聞解名信。信解非眞，悟發信謝。理數自然，如菓就自零。悟不自生，必藉信漸。用信伏惑，悟以斷結。（慧達肇論疏引生公語）

佛教解脫，本有信解脫與見解脫之分。生公特提「悟」「信」兩途，「信」是信奉外面教言，「悟」則發乎內心知見。生公說「悟發信謝」，便把宗教信仰完全歸宿到自己的內心開悟，悟了，信便如花般謝了。這便沖淡了宗教的信仰精神。這便是把佛教轉向到中國傳統思想來的一個主要關鍵。同時謝靈運卽說：

二教不同者，隨方應物，所化地異也。大而較之，華民易於見理，難於受教，故閉其累學，而開其一極。夷人易於受教，難於見理，故閉其頓了，而開其漸悟。（辨宗論，見廣弘明集）

這是說中國思想一向重於見理，故遂輕於受教，這卽是中國傳統思想之基本態度，所以不易有宗教發達之癥結所在。現在竺道生是一佛教徒，而特別提重「悟」的境界，在這上，便易把佛學融會到中國思想上來。道生對謝靈運意見有一批評說：

苟若不知，焉能有信？然則由教而信，非不知也。但資彼之知，理在我表。資彼可以至我，庸得無功於日進？未是我知，何由有分於入照？豈不以見理於外，非復全昧，知不自中，未為能照耶？（答王衛軍書，亦見廣弘明集）

這是說不知不能有信，但所知還是別人之知。惟心同理一，借仗別人之知，可以促起自心開悟。此即孟子「性之」「反之」之義。但若自心不開悟，則所知終非己有。理在心外，並非由自心照見。從此說法推進，必然要到達人人心中皆能照見佛所開悟之理，乃始是「佛法」之結論。在人生界找尋一眞常不滅之體，乃佛學一最要蘄嚮，此一眞常不滅之體並非佛身，而是「佛法」。換言之，不是生命，而是一種「理」。再進一步言之，此一眞常不滅之體，尚非佛法，而是對此佛法之一種悟。僅能信受佛法，佛法仍在我外，必須自心開悟，佛法始與我為一。此種開悟，即是「佛性」。此「性」字含義，與中國儒家「性」字原義不同。儒家說性，指人類生命之全過程及其大趨嚮而言。佛性則是一境界，即一種開悟。故儒家性字涵義中有仁，佛性則偏在智。佛性眞常不滅，即達「涅槃」境界。關於此理之重要發揮在涅槃經。竺道生時，恰正涅槃經開始傳譯到中國。初譯只是六卷泥洹經，覺賢譯。道生即根據此六卷譯本透悟出「人人本有佛性」之創見。據傳：高僧傳。

> 六卷泥洹，先至京都，生剖析經理，洞入幽微，乃說一闡提人皆得成佛。一闡提，乃以貪欲為唯一鵠的之人。於時大本未傳，曇無讖譯大般涅槃經四十卷在後，此時尚未出，故曰「大本未傳」。孤明先發，獨見忤眾。六卷本並無一闡提成佛之說。且曰：「如一闡提懈怠懶惰，尸臥終日，言當成佛，無有是處。」又曰：「彼一闡提於如來性所以永絕。」於是舊學以為邪說，譏憤滋甚。遂顯大眾，擯而遣之。於眾僧眾中受驅逐罪。生於大眾中正容誓曰：「若我所說反於經義，請於現身即表癘疾。若於實相不相違背，願捨壽時據獅子座。」言竟，拂衣而遊。後涅槃大本至於南京，果稱闡提悉有佛性，與前所說，合若符契。

此一故事，實於中國佛教史上，有甚深甚大之影響。生公在當時，敢於提出對經義顯然恰相違反之意見，此卽如謝靈運所指，乃一種「明理」與「受教」之爭，亦卽生公所剖析，乃一種「信」與「悟」之爭。「信」依外面教言，「悟」則本諸自心知見。何以自心知見敢於公然違抗外面眾所信奉之教，則以所悟是「理」，「理必無二，理則常一。」此八字見生公法華疏。理既不分，「悟亦冥符」。此四字見涅槃集解引生公序文。能悟者是「心」，此能悟之心卽是「佛性」。

> 闡提是含生之類，何得獨無佛性？（名僧傳引生公語）

依照生公此理，則人人盡得成佛，而成佛端賴內心自悟。如是則所重在己不在人，在內不在外。此後中國佛學，逐漸脫卻迷信，轉入內心修養，不得不謂是生公此番現身說法，作大獅子吼，有以促起。

今試問所悟是理，能悟是心，又當於何得悟？生公曰：

> 夫大乘之悟，本不近捨生死，遠更求之也。斯在生死事中，卽用其實，為悟矣。苟在其事，而變其實為悟始者，豈非佛之萌芽，起於生死事哉？（維摩經生公註）

當知理在事中，悟理須就事而悟。生死是人生大事，亦眾生共有事，佛卽由此生死大事悟入，眾生亦當就此生死大事求悟。只明得生死實相卽是悟。如是則眾生求法，當從本身生活中求，從生死實事中求，非向經典求，更不待去西天佛國求。但此即成宗教史上一大解脫。生公悟此亦非容易。傳云：（高僧傳。）

> 生既潛思日久，徹悟言外，迺喟然嘆曰：「夫象以盡意，得意則象忘。言以詮理，入理則言息，（此即所謂悟發信謝。）自經典東流，譯人重阻，多守滯文，鮮見圓義。若忘筌取魚，始可與言道矣。」於是校閱眞俗，研思因果，迺言善不受報，頓悟成佛。而守文之徒，多生嫌嫉，與奪之聲，紛然競起。

可見生公之大徹大悟，在當時實非易事。生公謂「得意忘象，得理忘言」，極似王弼。王弼即本此推翻兩漢陰陽五行象數易學種種迷妄，而生公亦從此悟得佛教經典上所謂淨土、果報種種說法之不眞。（此種說法，都屬小乘教。）故曰：

> 夫國土者，是眾生封疆之域。其中無穢，謂之為淨。無穢為無，封疆為有。有生於惑，無生於解。其解若成，其惑方盡。（維摩經生公註）

生公之意，所謂「淨土」之土，即指眾生在實際生活中之種種疆界分別。淨只指此實際生活之光明無垢穢而言。若其生活無垢穢，一片光明，斯其所居卽為「淨土」。故淨土卽從眾生心對實際生活之悟解中得，何嘗是逃離實際生活以外別有一淨土世界？如是則求仁得仁，卽在當下眼前，豈復另待後報？明此卽明得頓悟成佛義。既明得頓悟成佛義，則佛教中輪廻之說便成不重要。輪廻既退處不重要地位，則向後如范縝的神滅論，便不能對佛學施以致命的打擊。佛學思想從此演進，便易開出天台、華嚴、禪宗之中國佛學來。由此看法，可見竺道生在中國佛教史上之重要。

然悟何為必是「頓悟」，而非「漸悟」呢？生公說：

> 夫稱頓者，明理不可分。悟語極照。以不二之悟，符不分之理，謂之頓悟。（慧達肇論疏引生公語）

生公謂「理」必是一不可分之整體，故悟者必悟其全。不能今日悟一些，明日再續悟一些。此見佛學「悟理」與儒家「盡性」不同。悟在知見，盡則在踐履。此種悟，生公又稱之為「不偏見」。故生公曰：

> 不偏見乃佛性體。（涅槃集解引生公語）

凡人之見，或見此，或見彼，皆見其部分，皆是偏見。悟理則見到一極之全。待見到此一極之全，則一念而無不知。故生公曰：

一念無不知者，始乎大悟時也。（維摩經生公註）

當其未到此境界，則不得謂見理，卽不得稱悟。故悟必然是「頓悟」。如人登山頂。非到山頂，卽不得稱達山頂。然登山頂，必然是一步而達。又如截木，非到木斷，不得云木斷。故截木雖尺寸截之，然截木成斷，則必一截而斷。生公曰：

斬木之喻，木存故尺寸可漸。無生之證，生盡故其照必頓。（劉虬無量義經序引）

悟是悟此死生實相，悟此死生眞理，一達悟境，卽證無生，卽是涅槃，其時則一切無分別，一切是眞，故一念而無不知。是時卽是頓悟成佛時。

生公在佛法上所悟，大體如上述。下及隋唐時代，天台、華嚴、禪三宗，各分宗派，創成所謂中國佛學之體系。若細細分說，都與生公所悟，可以會通。尤其是禪宗，更與生公思致相近。惟當生公時，佛經飜譯尚未盡量，佛法闡究尚未充分，故佛學之中國化亦遂有待。然生公已為佛學中國化開闢了門徑，懸示了標的，所以我講中國思想史的佛學部門，首先要提到生公。

二七　慧能

我們說到生公，頗易聯想到以前的孟子。我們說到慧能，又頗易聯想到此後的陽明。生公為佛學中國化栽根，到慧能時纔開花結果。所謂佛學中國化，最要的是在其沖淡了宗教精神，加深了人生情味。

慧能是禪宗六祖，其實可說是禪宗開山。佛教中有禪宗，實在可說是中國的宗教革命。慧能是一個不識字人，是嶺南新州一樵柴漢。嶺南在初唐還是文化未闢，獦獠缺舌。但慧能到黃梅五祖弘忍大師處，在碓坊舂米八月，深夜三更聽五祖一語指點，卽言下大悟，獲傳頓教衣鉢。他自己說：

但用此心，直了成佛。（行由品）

這在中國佛教史上，較之生公，眞是更生動，更刺激，更令人興奮的又一番現身說法。我們可以說，生公與六祖，是最標準的中國精神下的宗教神話，是十足人性的神話。中國思想史裏的神，卻永遠是人性的。

五祖本是禪宗大祖師，他曾說：

不識本心，學法無益。若識自本心，見自本性，卽名丈夫。（行由品）

常勸僧眾，卽自見性，直了成佛，此皆見壇經。授六祖衣鉢後又說偈云：

有情來下種，因地果還生。無情亦無種，無性亦無生。（行由品）

禪宗只就人的本心本性指點，就生命之有情處下種，教人頓悟成佛。此種教義，遠從生公以來，是中國思想裏的人文本位精神滲透到佛教裏去以後所轉化表現出來的一種特色與奇采。若我們講禪宗，必要從達摩祖師講起，那將把捉不到中國思想之固有的特殊精神。但此種精神，也必然要輪到一位蠻荒偏陬不識字人的身上，纔始能十足表現。現在是生公的說法在六祖身上圓滿應現了。六祖常說：

一切般若智，皆從自性生，不從外入。（般若品）

又說：

自性能含萬法，萬法在諸人性中。（般若品）

又說：

一切修多羅，（即佛說了義經也。）及諸文字，大、小二乘十二部經，皆因人置，因智慧性方能建立。若無世人，一切萬法本自不有。故知萬法本自人與，一切經書因人說有。（般若品）

這眞是宗教思想裏最開明最透闢的見解。試問若沒有人類，又何來有宗教？（換言之，沒有人類，也不會有上帝。）故一切宗教，都出自人心人性與人情。沒有人類的心性情，試問那會有人間的一切教？所以說：

三世諸佛十二部經，在人性中，本自具有。若識自性，一悟卽至佛地。（般若品）

佛向性中作，莫向身外求。自性迷卽是衆生，自性覺卽是佛。（疑問品）

不悟，卽佛是衆生。一念悟時，衆生是佛。故知萬法盡在自心，何不從自心中頓見眞如本性。

（般若品）

六祖臨圓寂前，其弟子請留教法，令後代迷人得見佛性。六祖云：

汝等諦聽。後代迷人，若識眾生，卽是佛性。若不識眾生，萬劫覓佛難逢。吾今教汝，識自心眾生，見自心佛性。欲求見佛，但識眾生。（付囑品）

這是六祖最後開示，最後垂訓。從前生公只說人人皆具佛性，現在六祖教人返就自本性識佛。要覓佛，應從眾生中覓。求認識佛，從眾生中去認識。這些話何等深透，何等開朗？故說：

凡夫卽佛，煩惱卽菩提。前念迷，卽凡夫。後念悟，卽佛。前念著境，卽煩惱。後念離境，卽菩提。又曰：「煩惱卽是菩提，無二無別。」（般若品）

生公之大頓悟，是一終極境界，眾生積漸修行，到一旦大徹大悟，始見佛性。六祖之頓悟，則當下一念卽是。故說：

> 不修卽凡，一念修行，自身等佛。（般若品）

生公頓悟，如登高山，最後一步始達山頂。六祖頓悟，如履平地，步步踏實，腳下卽是。所以說：

> 念念見性，常行平直，到如彈指，便覩彌陀。（疑問品）

此因生公教人見「佛性」，六祖只教人見「自性」。故說：

> 一念心開，是為開佛知見。「開佛知見」見法華經。汝慎勿錯解經意。見他道開示悟入，自是佛之知見，我輩無分。若作此解，乃是謗經毀佛。彼既是佛，已具知見，何用更開？汝今當信，佛知見者只汝自心，更無別佛。（機緣品）

所以說「卽心卽佛」。有人問「卽心卽佛」義，六祖云：

> 前念不生卽心，後念不滅卽佛。成一切相卽心，離一切相卽佛。他時又云：「若見一切法，心不染著，是為無念，用卽遍一切處，亦不著一切處。」又云「無念者，於念而離念。無相者，於相而離相。」皆與此處相發。（機緣品）

又云：

卽心名慧，卽佛乃定。他時又云：「定慧一體，不是二。定是慧體，慧是定用。卽慧之時定在慧，卽定之時慧在定。」（機緣品）

六祖此等說法，眞所謂轉法華，不是被法華轉。實在六祖也只在講自己心悟，不在講佛經。這一種的說法和意境，實在必然會引起宗教裏的革命精神。

現在我姑試借用近代西方的哲學觀點來簡要說明六祖的意見。西方人對人類心能所看重的是思想，思想必有對象，必有內容。其對象與內容，從心體而言，大體上是外在的，或可說是物質的。思想常要為此外在的物質對象所拘限，而西方哲學則常喜趨向於思想之極度自由，於是常喜越離此外在的拘限而走上如黑格爾所謂純粹思想的境界。純粹思想是抽象的，照黑格爾說法，是要由外在、他在而回復到思想之自在的。此刻說到六祖，他所重視於人類心能的是明覺，是知見與觀照。知見、觀照必有所知見、所觀照，亦為外在與他在所拘限。在六祖謂之「相」或「念」，或「住」與「著」。六祖所要指點人追求的，則是一種純粹知見與純粹觀照。卽是越離於外在對象所拘限的自在知見與自在觀照。這是純抽象的一種知見與觀照之眞本體。禪宗故事裏有一件很有名的公案說：

百丈懷海大師侍馬祖行次，見一羣野鴨飛過。祖曰：「是什麼？」師曰：「野鴨子。」祖曰：「甚處去也？」師曰：「飛過去也。」祖遂回頭，將師鼻一搊，負痛失聲。祖曰：「又道飛過去也！」師於言下有省。（五燈會元卷三）

這一段故事，正好說明六祖意思。看見一羣野鴨飛過，是所知見。禪宗祖師只許你有此「知見」，不許你有此「所知見」，而卽住著在此「所知見」上。知見了一羣野鴨飛過，不許說是一羣野鴨飛過，也不許想有一羣野鴨飛過。此是一種純粹知見，非「無知見」與「不知見」，卽此是「佛知見」。此是心本體，亦卽是佛性。禪宗要你「明心見性」，是明如此般的心，見如此般的性。今說我看見一羣野鴨飛過，此是前念生。野鴨飛過，我心也不存，此是後念滅。此念滅了，纔能生別念，此所謂「無所住而生其心」。現在是要你「前念不生，後念不滅」。你看見一羣野鴨飛過，只此一見，便成一相。但你不再說我看見一羣野鴨飛過，是「離一切相」。明白到這裏，卽易明白得明一切法而無念、無相、無住、無著的眞境界與眞體段。再言之，你看見一羣野鴨飛過是「慧」，你不再說看見一羣野鴨飛過是「定」。否則你此一刻看見一羣野鴨飛過，野鴨是飛過了，而仍在你念裏存著，你心裏老存著此一羣野鴨飛過，會阻礙你下一念之新生。所以要受馬祖搊鼻子。因你如是般隨外遷流，失了「定」，亦將失了「慧」。六祖的「卽心卽佛」義，大體是如此。所以說「煩惱是菩提」。你若偏要說我看見一羣野鴨飛過，但飛那裏去了呢？此問題卽要成煩惱。所以只讓你有知見，卻不要在知見上著相、生念。見一羣野鴨飛過，無所謂，那卽是菩提了。煩惱與菩提，同是此一知見，同是此一心，所異在有相與無相，著與不著。所以六祖最先在黃梅東禪寺作偈題壁卽說：

菩提本無樹，明鏡亦非臺。本來無一物，何處惹塵埃。（行由品）

明白得這一節，便可明白後來禪宗種種機鋒與種種說法。但說成不許說野鴨飛過，終是過分了，我們還得細看六祖自己所說。

但前引六祖說法，雖在原先佛學中已有，一經六祖特別提出發揮，卻在佛學中發生了絕大革命。六祖平日教人，並不看重念佛誦經。他說：

世人終日口念般若，不識自性般若，猶如說食不飽。（般若品）

佛言隨其心淨卽佛土淨，東方人但心淨卽無罪，西方人心不淨亦有僁。東方人造罪念佛，求生西方，西方人造罪念佛，求生何國。（疑問品）

他更不喜歡習禪打坐，他說：

道須通流，何以卻滯。心不住法，道卽通流。心若縛法，名為自縛。若言坐不動是，只如舍利佛宴坐林中，卻被維摩詰訶。（定慧品）

他又不教人出家修行，他說：

若欲修行，在家亦得，不由在寺。在家能行，如東方人心善。在寺不修，如西方人心惡。（疑問品）

今試問除卻誦經念佛、習禪打坐、出家修行，又如何作佛？六祖說：

覺卽是佛，慈慧卽是觀音，喜捨名為勢至，能淨卽釋迦，平直卽彌陀，人我是須彌，邪心是海水，煩惱是波浪，毒害是惡龍，虛妄是鬼神，塵勞是魚鱉，貪瞋是地獄，愚癡是畜生。（疑問品）

他又說：

勸善知識依自性三寶。佛者覺也，法者正也。僧者淨也。（懺悔品）

所以說：

佛法在世間，不離世間覺。離世覓菩提，恰如求兔角。（般若品）

六祖只把人心的知見，完全從外在、他在的對象中越離，而全體回歸到內在、自在的純粹知見卽心本體上來。此一心本體，卻是絕對平等的。宗教必然帶有崇拜性，到六祖始說成絕對平等。宗教必然帶有出世性，而六祖卻說成不待出世。知見只是在此世中的知見，只不著於此知見而已。六祖這些說法，已把佛學大大轉一彎，開始轉向中國人的傳統精神，卽平等的，與入世的。卽完全是現世人文的精神。也可說，到六祖，中國人的傳統精神始完全從佛教裏解放。

二八　慧能以下之禪宗

禪宗自六祖後，披靡全佛教。有吉州行思禪師住青原山，首傳石頭遷，再傳有曹洞、雲門、法眼三宗。又有南嶽懷讓禪師，首傳馬祖，再傳有臨濟、溈仰二宗。他們雖派別紛歧，實際總只是在佛教中求解放。或問青原，佛法大意，師曰：「廬陵米作麼價？」或問趙州，如何是佛法西來意，師曰：「庭前柏樹子。」或問洞山，如何是佛，答曰：「麻三斤。」或問馬祖，如何是西來意，師便打，曰：「我若不打汝，諸方笑我。」又或問如何是西來意，馬祖曰：「只今是什麼意？」或問雲門，如何是佛，曰：「乾矢橛。」僧慧超問法眼，如何是佛，師曰：「汝是慧超。」這些回答，實在是明白已極，痛快已極。只教人回頭是岸，莫忽略了當前眞實人生。但佛法入中國，至是已經六七百年了。現在正是到達全盛的時期。一般僧眾，出家求法，千辛萬苦，走進山門，給諸祖師當面潑這一口冷水。莫說清醒，反更糊塗了。後來人讀佛書，也摸不到當時禪門祖師們的頭腦，轉覺他們瘋瘋癲癲，奇奇怪怪。中國禪宗祖師們的所謂機鋒、棒喝，是有名玄秘的。其實，這些都是眞實話，給人看作不眞實。都是淺顯話，給人看作不淺顯。認為諸祖師故作玄虛，話背後還有更多的秘密意義。這眞叫諸祖師一片婆心無處交代，只有更增了他們的憤激。

佛書言，釋迦牟尼佛生時，放大智光明，照十方世界。地湧金蓮花，自然捧雙足。一手指天，一手指地，周行七步，目顧四方。曰：「天上天下，惟吾獨尊。」雲門曰：「我當時若見，一棒打殺與狗子喫。」臨濟有言，大善知識始敢毀佛毀祖，是非天下，排斥三藏教，罵辱諸小兒。又曰：「逢佛殺佛，逢祖殺祖，逢羅漢殺羅漢，逢父母殺父母，逢親眷殺親眷，始得解脫，不與物拘，透脫自在。」其實當時山門僧眾，若都懂得柏樹子，麻三斤，懂得盧陵的米價，懂得自己是慧超，又何致祖師們要直把釋迦牟尼佛殺卻餧狗子呢？

趙州說：「佛之一字，吾不喜聞。念佛一聲，要漱口三日。」僧問趙州，學人乍入叢林，乞師指示。師云：「吃粥了也未？」云：「吃粥了。」師曰：「洗缽盂去。」此種指點，此種教誨，可說得平實，淺顯，居然是孔子「下學上達」規模。趙州說：「老僧此間，卽以本分事接人。」德山曰：「老漢自己亦不會禪，亦不是善知識，百無所解，只是屙矢放尿，乞食乞衣，更有什麼事？勸你不如本分去！早休歇去！莫學顛狂！每人擔個死屍，浩浩地去到處向老禿奴口裏受他涕唾吃，便道我是入三界，修蘊積行，長養聖明，願成佛果。如斯等輩，老漢見之，如毒箭入心。」試問這些話還有何玄秘可言？若認這些話玄秘，試再繙看壇經，六祖曾說了些什麼？正為六祖壇經裏的話，一輩善男信女還是信不及，故而激起後來這些祖師們，只叫人吃粥，洗缽盂，屙矢放尿。希遷對南嶽懷讓道：「寧可永劫受沉淪，不從諸聖求解脫。」但當時一輩信仰佛法無邊的，還是向諸祖師們求解脫，那有何辦法呢？只有痛痛地賜他幾棒吃。首山云：「佛法無多子，只是汝輩自信不及。若能自信，千聖出頭來，無奈汝何，向汝面前無開口處。」只為你自信不及，向外馳求，所以到這裏來。假如便是釋迦佛，也與汝三十棒。

好了！禪宗時期，正是中國佛學的最盛時期，卻被那輩祖師們都無情地毒罵痛打。打醒了，打出山門，各各還去本分做人，遂開出此後宋代的新儒學。後人卻把宋學歸功到韓愈闢佛，這不免又是一番糊塗，又是一番冤枉。所以我說禪宗是中國佛教史上一番大革命。若把西方馬丁路德們的宗教革命來與相比，我們不能不說畢竟是中國禪師們高明些。

中國思想史的表現，永遠是平易的，輕鬆的，連宗教思想上的大革命，也只如此般平易輕鬆地滑溜過去。試問，這需何等的大力量？現在人卻總覺中國思想沒力量。若使當時諸祖師們重生今日，不知要叫我們該受幾會喝，該吃多少棒！

二九　宋元明時代

中國思想以儒學為主流。儒家可分先秦儒、漢唐儒、宋元明儒、清儒四期。漢唐儒、清儒都重經典，漢唐儒功在傳經，清儒功在釋經。宋元明儒則重聖賢更勝於重經典，重義理更勝於重考據訓詁。先秦以來，思想上是儒、道對抗。宋以下則成為儒、佛對抗。道家所重在天地自然，因此儒、道對抗的一切問題，是天地界與人生界的問題。佛學所重在心性意識，因此儒、佛對抗的一切問題，是心性界與事物界的問題。禪宗沖淡了佛學的宗教精神，挽回到日常人生方面來。但到底是佛學，到底在求清淨，求涅槃。宋明儒沿接禪宗，向人生界更進一步，回復到先秦儒身、家、國、天下的實際大羣人生上來，但仍須吸納融化佛學上對心性研析的一切意見與成就。宋明儒會通佛學來擴大儒家，正如易傳、中庸會通莊老來擴大儒家一般。宋明儒對中國思想史上的貢獻，正在這一點，在其能把佛學全部融化了。因此有了宋明儒，佛學纔眞走上衰運，而儒家則另有一番新生命與新氣象。

三〇　周濂溪

宋代理學開山是周濂溪，濂溪主要著作有太極圖說與易通書。太極圖說只是易通書之一部份，濂溪思想是以易學為根據的。

太極圖說全文如下：

無極而太極。太極動而生陽，動極而靜，靜而生陰。靜極復動。一動一靜，互為其根。分陰分陽，兩儀立焉。儀卽象也。陽變陰合而生水火木金土，五氣順布，四時行焉。此把五行匯入陰陽，而抹去了五天帝。五行一陰陽也，陰陽一太極也，天極本無極也。五行之生也，各一其性，此處先有了自然之性」。「無極之眞，二五之精，妙合而凝。羅整菴辨此三語，謂：「凡物必兩而後可合，太極與陰陽果二物乎？若為二物，方其未合之先各安在？朱子終身認理氣為二，原蓋出此。」整菴不知一物必可分而為二。而且如整菴說，則宇宙成為唯物的。乾道成男，坤道成女。由「自然之性」之妙合而始有「人性」。二氣交感，化生萬物。萬物生生而變化無窮焉。以上是宇宙論。惟人也，得其秀而最靈。形既生矣，神發知矣，此仍是子產由魄生魂義。五性感動而善惡分，萬事出矣。聖人定之以中正仁義而主靜，自註云：「無欲故靜。」立人極焉。此處折衷孟、荀性善惡論。開出後來理學上的天理人欲論。故聖人與天地合其德，日月合其明，四時合其序，鬼神合其吉凶。君子修之吉，小人悖之凶。故曰：立天之道，曰陰與陽。立地之道，曰柔與剛。立人之道，曰仁與義。又曰：原始反終，故知死生之說。大哉易也，斯其至矣。以上屬人生論。

「太極」「無極」二語，均見先秦。「太極」是最先義，「無極」是無始義。天地萬物何自始，第一因畢竟是無因可覓，故太極實卽無極。西方思想論宇宙，必究其本質，故有唯心、唯物之辨。中國古代，僅著眼宇宙整體之變化，就現象論現象，認天地萬物，只是一氣之動，無始以來只是此動，而實無所謂最先之一動，故曰：「無極而太極。」濂溪此種見解，仍是先秦儒舊誼。惟自佛學來中國，遂傳進本體、現象分離對立之觀點。濂溪此篇之無極，卽隱涵有宇宙最先本體之義，故曰「無極之眞，二五之精，妙合而凝」。無極之一眞，卽是一本體。從無極變出動靜，便是現象，便是用了。然究竟此體是先動後靜的呢？還是先靜後動的呢？此因人類語言思想，究竟偏而不全，說此便有彼，同時卻說此便遺彼。其實此體只是一動，惟說動便有靜。譬如說先便有後，卻不好問先有前抑先有後。如是則動靜同時並起，本是一體，此卽太極。故知太極只是一動，同時又卽是一靜。既不好說孰先孰後，故曰「動靜互為其根」，卻不好說誰為誰根。由此演化出天地萬物與人類。這一種宇宙論，是先秦傳統，是道家陳說，但經濂溪重新提出，卻羼進了佛學的影響。中國傳統思想是平面的，現在則是雙層的。要在變動的「現象」之背面添上一不變不動之「本體」。這一點極重要，因為要影響到他們的人生論。

再說下半截，濂溪的人生論。人生固在宇宙中，但人生究不能與宇宙之整體完全合一，因此不得不自就人生自立人極。此是濂溪高出郭象處。但宇宙既是動靜互根，人極何以要立在「靜」的一邊呢？濂溪說「無欲之謂靜」。但天行健，天地之動又何嘗必是欲呢？正為濂溪認定有一無極之眞為天地現象背後之本體，故而要把「無欲」來作人生的本體，卽人極。如是始能與天地合德，始能直上達天德，使天地界與人生界，通貫一致。若就工夫論，「無欲」可說是儒、道、佛三家的共同立場。但濂溪的話，實與先秦儒、道所論「無欲」不同，這已有了哲學上本體論的氣味了。此後宋明儒「去人欲，存天理」

是一主要觀念，而天理也成一本體，若有一物般獨立存在。這一觀點，就儒家論，不能不說從濂溪首先提出。

通書大義與太極圖說無殊，惟通書多用中庸，更要的是一「誠」字。他說：

誠者，聖人之本。聖，誠而已矣。（通書誠）

又說：

誠無為，幾善惡。寂然不動者誠也，感而遂通者神也，動而未形有無之間者幾也。（通書誠幾德、聖）

中庸言誠，即指此不息不已之變化而言。濂溪則似先有一「誠」之本體在變化之前，而寂然不動以待感。這一個誠，無為，亦無欲，頗近似於釋氏之所謂「涅槃性體」，而非孟子、中庸之所謂「性」。通書又說：

聖可學乎？曰：可。有要乎？曰：有。一為要。一者，無欲也。無欲則靜虛動直。靜虛則明，

明則通。動直則公，公則溥。明通公溥，庶矣乎。（通書聖學）

此處以「靜虛動直」釋無欲之體，但靜虛動直亦顯有先後。靜虛是前一截，動直為後一截。使人認為非靜虛不得有動直。則寂然不動之「誠」，便要偏在靜而虛的一邊了。明通公溥亦有先後。明通屬智、屬照，公溥纔屬仁、屬行。濂溪之意，也是先有一個心本體，纔能發生心作用。此一心體顯然近道家，更近釋氏，與孟子「性善」之「性」微見不同。

時人形容濂溪人品，「如光風霽月」，那是藝術境界，非道德境界。濂溪晚年住廬山蓮花峯下，喜與方外遊。北宋儒，就其氣象意境言，毋寧是更近東漢、魏、晉，更近道家與釋氏。把此作底，而希求先秦、兩漢及唐代儒之事功活動。所以說：

志伊尹之所志，學顏子之所學。（通書志學）

他所想像的顏子，毋寧是以莊子書中之顏子為主，而從此再接近到佛家。

三一　邵康節

北宋儒學中有一豪傑，便是邵康節。從來認康節思想偏近道家，其實是更近莊周。康節精於象數之學，近似西漢陰陽家。但康節數學之背後，另有一套哲理根據，卻與西漢陰陽家不同。我想稱此一派為「觀物哲學」。前有莊周，後有康節，這一派哲學，在中國思想裏更無第三人堪與鼎足媲美。莊周是撇脫了人的地位來觀萬物，康節則提高了人的地位來觀萬物。莊周是消極的，康節是積極的。他著有觀物內外篇，說：

> 道為天地之本，天地為萬物之本。以天地觀萬物，則萬物為物。以道觀天地，則天地亦為萬物。道之道盡於天，天地之道盡於物，天地萬物之道盡於人。人能知天地萬物之道所以盡於人者，然後能盡民也。（觀物內篇之三）

莊周要把人消融在天地萬物中，康節則要把天地萬物消融在人之中。所以成其為儒。人何以能消融得天地萬物？康節說：

> 人之所以靈終萬物者，謂其目能收萬物之色，耳能收萬物之聲，鼻能收萬物之氣，口能收萬物之味。聲色氣味者，萬物之體。目耳鼻口者，萬人之用也。此處「用」字下得極深微，目耳鼻口，不僅是人之用萬物，而乃是萬物之所由得竭其用於天地之間也。此處體用却仍是平面的，不是雙層的。更近於先秦傳統。體、用交而人物之道備。人若不能用萬物，卽為未盡人道。然則人亦物也，聖亦人也。有一物之物，有十物百物之物，有千萬億兆物之物。生一一之物，當兆物之物者，豈非人乎？是知人也者，物之至。聖也者，人之至。人之至者，謂其能以一心觀萬心，一身觀萬身，一世觀萬世。佛家華嚴宗講「一多相攝」，頗近莊子，康節思想又從華嚴變來。能以心代天意，口代天言，手代天工，身代天事，此與荀子意不同。荀子是「以人剋天」，此則「以人代天」。能上識天時，下盡地理，中盡物情，通照人事。能以彌綸天地，出入造化，進退今古，表裏人物。康節此論，仍從易傳「仰則觀象於天，俯則觀法於地」一節變出。（觀物內篇之二）

這是康節理想中之新人本位論。人與萬物，本皆偏而不全，但人能由偏合全。此卽中庸之「明而誠」惟立場與出發點不同。由偏合全，則全體卽在一偏中呈現，故曰「以人代天」。其主要工夫在「觀」。康節曰：

> 夫所謂觀物者，非目觀之，觀之以心也。非觀之以心，觀之以理也。聖人所以能一萬物之情

者，謂其能反觀也。反觀者，不以我觀物，以物觀物之謂也。此與莊子略同意，所謂「照之以天」。既能以物觀物，又安有我於其間哉？康節祛除人之主觀與莊子同，但人之客觀則惟人能之，此層莊子所不言也。（觀物內篇之十二）

此乃康節之客觀主義。康節乃提倡人本位之客觀主義者。人本位之客觀主義則主要在「理」，尤勝過於在「心」。故曰：

以物觀物，性也。以我觀物，情也。性公而明，情偏而暗。（觀物外篇下）

又曰：

以我徇物，則我亦物也。以物徇我，則物亦我也。我物皆致意，由是明天地亦萬物也，萬物亦我也，我亦萬物也。何物不我，何我不物，如是則可以宰天地，可以司鬼神。（漁樵問答）

人只要祛除己私，即人之情。運用智慧，此亦人之性。來觀察天地萬物，而求得其間之理。理則是公的，並無物、我之別。必待兼物、我而理始見。莊子「約分」，是要約束在各自本分之內。康節「觀物」，卻要範圍天地，牢籠萬物。其主要工夫在能「觀理」。

他又說：

性非體不成，體非性不生。陽以陰為體。陰以陽為性。動者性也，靜者體也。（觀物外篇上）

又說：

氣則養性，性則乘氣。故氣存則性存，性動則氣動也。（觀物外篇上）

此以性與氣體對立，而謂性隨氣而存，頗似此後朱子之理氣論。又云：「性非氣不成，氣非性不生」，則似張、程「義理之性」與「氣質之性」之分別。但朱子所謂之理，近似空靜，非能主動。康節說「動者性也」，似較朱子理的觀念更有生氣，有活力，更近儒家本所尋求。但若看重了程、朱「性即理」的說法，則理中自涵有動了。他又說：

天地之本，其起於中乎？人居天地之中，心居人之中，心為太極。（觀物外篇上）

先天學，心法也。圖皆從中起，萬事生於心。（先天卦位圖說）

心一而不分，可以應萬變。（觀物外篇下）

此可謂是康節之唯心論。然與西方哲學之唯心論不同。康節所謂「心為太極」，所謂「先天學是心法」，此所謂先天、太極，謂「萬事生於心」，乃指自有人事，自有歷史文化而言，非謂由心創始天地萬物。乃謂自有人心後之天地萬物，皆隨人心而轉動，故人心遂為天地萬物之太極。此處太極應是「至中」義，非「最先」義。朱子把康節「太極」來說濂溪的「太極」，這似誤了。這兩人間似乎該有分別的。故康節乃一人本位的客觀主義者，又是人本位的唯心論者。惟其人心能超越個己而客觀，故能超偏合全，故能「先天而天勿違」，此天已是有人後之天。故能成為人文界之太極。康節又說：

> 先天之學，心也。後天之學，迹也。出入有無死生者，道也。（觀物外篇下）

道包先、後天心迹言。故康節所謂「道」，不淪於虛無。故此種唯心論，不害其為客觀的唯心論，而始終站在人本位立場者。然已把心的範圍放寬，把人的地位提高，把客觀與主觀的界線也剗除了，一偏與全體之間也凝合了。這是莊子與華嚴之積極化與人文化，乃莊子與華嚴之儒家化。其論旨亦與易傳、中庸不同。他實在能自創一格。他是北宋儒學中一異軍突起。他所以在理學中不甚受重視，因他太偏重在宇宙論方面，而在人生論方面較不如張、程之謹嚴。後來惟朱子能兼采康節，此是朱子之偉大處。

三二 張橫渠

張橫渠是北宋儒家中一能用思想人。他所著正蒙，乃精思凝鍊而成，極為晚明王船山所推重。他說：

太虛無形，氣之本體。其聚其散，變化之客形爾。至靜無感，性之淵源。有識有知，物交之客感爾。客感客形，與無感無形，惟盡性者一之。（正蒙太和篇）

易傳只言「一陰一陽之謂道」。陰陽只是一氣，並不曾在氣外再要安放一個「太虛」之體。又說「繼之者善，成之者性」，繼與成即指一陰一陽言，也並不曾在一陰一陽之前另要安放一個「無感」之源。此顯然是北宋思想經過佛學傳入後之新思路。橫渠、濂溪，只是大同小異。

橫渠又云：

知虛空卽氣，則有無、隱顯、神化、性命通一無二。（有顯化性是氣，無隱神命是虛。）若謂虛能生氣，則虛無窮，氣有限，體用殊絕，入老氏「有生於無」自然之論。（郭象對此有辨正。）不識所謂有無混一之常。若謂萬象為太虛中所見之物，則物與虛不相資，形自形，性自性，形性天人不相待，而有陷於浮屠以山河大地為見病之說。（正蒙太和篇）

此處橫渠既不主張虛能生氣，（卽不主虛在氣先。）又不主張氣在虛空中，（卽不主虛氣是二。）卻只說「太虛」是氣之本體。此有二義。一則氣是變化的，虛則無變化。種種變化，還是此太虛之體。二則氣是部分的，虛則是全體。凡屬變化，均指相對的、部分的而言。全體則是唯一的、絕對的，故無可變化。但如此一說，宇宙變成雙重了。變者是氣，是形，（形亦是部分的、相對的。若惟一絕對，則無形可言，故稱之曰「太虛」。）不變者是太虛，是體。於是分主客，分體用，使人總要偏重到主與體的一面去。他們總像要教人先認識一本體，再回頭來發揮大用。但此本體卻實在渺茫，極難湊泊。但卻不能說天地間只有用而無體。此是人類語言自有限制，須待學者之善自體會。

由橫渠此種宇宙論轉入人生論，便有如下主張。他說：

形而後有氣質之性，善反之則天地之性存焉。故氣質之性，君子有弗性者焉。（正蒙誠明篇）

天地之性，便是所謂至靜無感的了。此亦略近濂溪之「無欲」。同時二程極贊此分辨。孟子論性善，只就惻隱、羞惡、辭讓、是非言，何一非物交後之客感？何一非氣質之性？所以朱子說：

氣質之說起於張、程，極有功於聖門，有補於後學，前此未曾說到。（朱子語類卷四）

可見宋儒亦知他們所說與先秦孔孟有異。但他們經歷近千年來佛學感染，總覺非如此立說即不臻圓滿，他們必要把佛學思想融化進儒學中，正好與竺道生、慧能恰成一對照。

但二程並不贊成橫渠的正蒙，而盛許其西銘。茲先錄其全文：

乾稱父，坤稱母，予玆藐焉，乃混然中處。故天地之塞，吾其體。天地之帥，吾其性。民吾同胞，物吾與也。大君者，吾父母宗子。其大臣，宗子之家相也。尊高年，所以長其長，慈孤弱，所以幼其幼。聖其合德，賢其秀也。凡天下之疲癃殘疾，惸獨鰥寡，皆吾兄弟之顛連而無告者也。於時保之，子之翼也。樂且不憂，純乎孝者也。違曰悖德，害仁曰賊。濟惡者不才。其踐形，惟肖者也。知化則善述其事，窮神則善繼其志。不媿屋漏為無忝，存心養性為匪懈。惡旨酒，崇伯子之顧養。育英才，潁封人之錫類。不弛勞而底豫，舜其功也。無所逃而待烹，申生其恭也。體其受而歸全者，參乎。勇於從而順令者，伯奇也。富貴福澤，將厚吾之生也。

貧賤憂戚，庸玉汝於成也。存吾順事，沒吾寧也。

人生從宇宙來。譬諸家庭，宇宙是父母，人生是子女。橫渠把先儒的孝弟之道推擴到全宇宙，把人生論貫徹到宇宙論，這是西銘宗旨。橫渠西銘與濂溪太極圖說，同為宋儒有數大文章。程門專以西銘、大學開示學者，卻不提到濂溪太極圖說，說西銘詳說了人生與物同體之理。其實先秦儒並無此說。孟子云：「老吾老以及人之老，幼吾幼以及人之幼。」只主張推擴人類之同情心，並不言萬物一體。孔子言仁，亦指人心言，亦不是說萬物一體。莊周始直觀宇宙大化而言萬物一體。惠施則從分析名言所指異同而歸納到萬物一體。此皆從理智從外面來證成。宋儒最喜言「萬物一體」。太極圖說從宇宙萬物創造生成之歷史過程言，其實只是說萬物同源。西銘則並無萬物一體之論證，只就此一體的見解上來推演人生職責。孫夏峯謂「西銘從既有天地說起，太極圖說就未有天地說起」，即此意。二程在宋儒中比較更接近孔孟，不喜從外面從理智尋求，所以更看重西銘而不言太極圖。明道識仁篇謂：

仁者渾然與物同體，西銘備言此體，以此意存之，更有何事？

此說仁者之心便能與物同體，明明主從內心證此體。其實孔孟只說此心，並未說到此心外之體。只主由心而成行為，並非由心而究本體。此一「體」字觀念，非孔孟先秦儒所有。橫渠謂「天地之塞吾其體」，此似佛家之法身。「天地之帥吾其性」，此似佛家之法性。宋人畢竟深受佛學影響，非說到一個所謂本體上，終感不滿足。二程僅不願從外面來證成此體，因此濂溪雖是二程幼年導師，康節雖是二程常相過從的密友，而二程皆不喜稱道他們的理論。於橫渠正蒙，亦不認可。而專推此篇，常取以與大學並提，因西銘是本體論，而大學則是方法論。楊龜山云：

西銘擴前聖所未發，與孟子同功。

則程門亦知西銘是孔孟從未說過的話。宋儒並不墨守先秦，只把自己意思來發揮先秦，正因經過佛學一番波瀾，只有乘勢向前，再不能回頭故步自封，這是宋儒偉大處。但宋儒與先秦儒之異同，我們也不該不仔細分析。

濂溪高潔，康節豪放，橫渠則是艱苦卓絕。他自說：

言有教，動有法，晝有為，宵有得，息有養，瞬有存。（正蒙有德篇）

又說：

為天地立心，為生民立命，為往聖繼絕學，為萬世開太平。（近思錄卷二）

這是何等志願，何等生活！我嘗欲為橫渠此兩節話題一名，謂之「六有四為」之學。朱子云：

橫渠教人道，夜間自不合睡，只為無應接，他人皆睡了，己不得不睡。他做正蒙時，成夜裏默坐徹曉，他直是恁地勇，方做得。（朱子語類卷九十九）

我們若說濂溪是顏淵，康節是莊周，則橫渠卻像曾子、墨翟。

三三 程明道

論到宋儒思想入微處，該從程明道開始。上述三家，都不免從外面講，明道始直指內心。而且他比較更看重論語、孟子勝過了易傳與中庸。在他始是所謂喫緊人生。他最重要的文字是識仁篇。他說：

學者須先識仁。仁者渾然與物同體，義、禮、智、信皆仁也。識得此理，以誠敬存之而已。不須防檢，不須窮索。若心懈則有防，心苟不懈，何防之有？理有未得，故須窮索，存久自明，安待窮索？此道與物無對，大不足以名之。天地之用皆我之用。孟子言「萬物皆備於我」，須「反身而誠」，乃為大樂。若反身未誠，猶是二物有對，（此二物卽心與理。）以己合彼，（以己心，合彼理。）終未有之，又安得樂？訂頑（西銘舊名訂頑。）意思，乃備言此體，以此意存之，更有何事？若存得，便合有得，（卽存久自明也。）蓋良知良能元不喪失，以昔日習心未除，卻須存習此心，久則可奪舊習。此理至約，惟患不能守，既能體之而樂，亦不患不能守也。（遺書卷二上）

濂溪、康節、橫渠都從外面窮索此理，明道卻認此理卽在吾心，故不須向外窮索。既心卽是理，則此心自能合理，故亦不須防檢。此理何理？卽是與物同體之「仁」。就身言，則我與人別，我與物別。就此心之仁言，則物我渾然同體，此卽是一絕對。（所謂「與物無對」。）天地萬物盡融化在此絕對之仁體中。禮、義、智、信種種之德目，也只是此仁體之各別表現而已。明道此意，較上述三家，更能把握得先秦孔孟薪傳。惟明道在此上提出兩項工夫，一是「識」，一是「存」。他先說須識得此理，再存之於心，及其反身而誠，眞感得吾心與此理合一無二，（此卽誠。）則更無別事。他又說「存久自明」。「明」與「識」不同。「識」是向外識得，「明」是內心自明。必到明了，纔是眞得，眞有之。似乎工夫的第一步，仍在「識」上。但明道對如何「識仁」，卻未細言。只說西銘備言此體，即以此意存之便可。明道在此上未更細闡，遂留下待伊川來補充。但我們若撇開伊川專從明道深入，便易走上陸、王道路，所以朱子必要合言二程，不再加以分別。

明道識仁篇以外第二篇大文字是定性書。橫渠問他：「定性未能不動，猶累於外物，何如？」明道作書答之，謂：

所謂定者，動亦定，靜亦定，無將迎，無內外。苟以外物為外，牽己而從之，是以己性為有內外也。且以性為隨物於外，則當其在外時，何者為在內？是有意於絕外誘，而不知性之無內外也。夫天地之常，以其心普萬物而無心。聖人之常，以其情順萬物而無情。故君子之學，莫若廓然而大公，物來而順應。（此兩語見易傳。）苟規規於外誘之除，將見滅於東而生於西。其端無窮，不可得而除也。人之情各有所蔽，故不能適道，大率患在自私而用智。自私則不能以有為為應迹，用智則不能以明覺為自然。今以惡外物之心，而求照無物之地，是反鑑而索照也。與其非外而是內，不若內外之兩忘。兩忘則澄然無事矣。無事則定，定則明，明則尚何應物之為累哉。聖人之喜，以物之當喜，聖人之怒，以物之當怒，是聖人之喜怒，不繫於心而繫於物也。是則聖人豈不應於物哉？烏得以從外者為非，而更求在內者為是也？（文集卷二）

道家與釋氏，無論在人生態度上及工夫上，皆有重內輕外之意。明道重昌儒學，一面直指本心，塗絕向外窮索之敝。一面又主「性無內外」，力斥是內非外之誤。此須定性、識仁兩文對看，始更明白明道之精義。但明道此篇所說，似與儒家原旨亦有不合。當喜、當怒者是理，喜之、怒之者是心，是異是同，未見細剖。況離卻吾心，物是塊然之物，何從有當喜、當怒之理？在人為當喜，在鳥獸蟲魚或為當怒。喜怒之理，何嘗全在物？今謂「聖人喜怒不繫於心而繫於物」，則人心只能照見物理，全成被動，豈非仍是濂溪之虛靜？其實濂溪乃在虛靜後見性，非謂虛靜卽是性。又明道以「有為為應迹」，「明覺為自然」。這些仍陷於偏智不仁。試問孔子言殺身成仁，孟子言舍生取義，是否僅是應迹？僅是自然？又說「心普萬物而無心」，「情順萬物而無情」，無心無情，又何從見性？卽王弼注老，亦主不能無哀樂以應物。以哀樂應物，與明道言「情順萬物而無情」大不同。大抵先秦孔孟說理皆極切近，其精神則推擴向外。道家、釋氏，說理皆推擴向外，而精神則切近就裏。宋儒就此方面言，似更近道、釋，而明道更然。此處明道雖說「性無內外」，實際上則似已偏向外去。故他說：

在天為命，在義為理，在人為性，主於身為心，其實一也。（遺書卷十八）

這是說天命之理落實到人身上是性，與中庸所謂「天命之謂性，率性之謂道」亦不同。中庸說率性而行是道，今則謂天命之理稟賦於人者為性。一是「性」先於「道」，一則「理」先於「性」。而且

「道」字義含運行，「理」字義含靜定。天地間先有此一套靜定之理，人稟賦得之為性，心則只如明鏡般能照見此理而止，則先秦儒家的人本位精神，到宋儒手裏豈不轉成了天本位？明道雖不喜濂溪、康節、橫渠三家之向外窮索，他自己也仍不免向外，那是思想史上的時代特徵。某一時代的思想，往往有一共同趨勢，不知不覺地教人都向此一趨勢而集中。宋儒自不能盡同於先秦儒。心如何能明理呢？濂溪提出一「靜」字，此是道家語，由佛學借用了。明道則提出一「敬」字。明道說：

某寫字時甚敬，非是要字好，卽此是學。（遺書卷三）

又說：

敬須和樂，只是中心沒事也。（遺書卷二上）

人心不得有所繫。（遺書卷十一）

心要在腔子裏。（遺書卷七）

這些便是明道指點「敬」字的體段。其實這些只是一種心的狀態，而非心的生命，也非心力之眞源。若說敬是心體，亦只是心體之外相，而非其內情。照明道意，寫字時便一心在寫字上，那是敬，那是理，若要寫得好，那便別有期向，那是馳外，即不敬。那是欲。如此則「敬」的實體還是一「無欲」，與濂溪「靜」字差不多。一心在寫字上，即是「心在腔字裏」，不外馳。即是「中心沒事」，並無要字好之意。即是「無所繫」。要字好即是繫。照現在話說，只是一個精神集中。照莊老說是無為無欲，心在這裏則僅在這裏而止。此是一種藝術精神，非道德精神。莊子與佛家，尤其是禪宗，發揮此層極精透。但人生大事，如修身、齊家、治國、平天下，不就如寫字。道德人生與藝術人生畢竟不同。道德人生，不一定只要無欲。孔子不說「我欲仁，斯仁至」嗎？北宋儒學，有時也還是藝術的勝過了道德的。只較道家與釋氏，則他們更為落實到人生上，但不能如先秦儒之有氣魄，有抱負。而明道立說尤見為渾融，須有伊川來加以中釋。

三四　程伊川

明道是一個一團和氣人。他曾說：

質美者明得盡，渣滓便渾化，卻與天地同體。其次惟在莊敬持養。

大抵明道自己便是一質美的大賢。其弟伊川，則姿性嚴毅，條理細密，又享高壽，所以其學與兄略有出入。或問：「必有事焉，當用敬否？」伊川曰：

敬只是涵養一事。必有事焉，須當集義。只知用敬，不知集義，卻是都無事也。（遺書卷十八）

或問「敬義何別？」曰：

敬只是持己之道，義便知有是有非。順理而行，是為義也。若只守一個敬，不知集義，卻是都無事也。且如欲為孝，不成只守一個孝字，須是知所以為孝之道。又須是識在所行之先。譬如行路，須是光照。（遺書卷十八）

這裏便在明道莊敬持養之外，又添出「集義」一項工夫。集義須先研求事理是非，所謂「須識在行先」。否則寫字一心便在寫字上，事父一心便在事父上。然寫字亦該有一方法，事父更不如寫字般簡單，須先識得一荀子所謂之體常盡變的所以事父之道。於是伊川門下遂有所謂「敬義夾持」之說。伊川又云：

涵養須用敬，進學則在致知。（遺書卷十八）

「致知」卽是「集義」。從「致知」遂說到「格物」。伊川云：

今人欲致知，須要格物。物不必謂事物。自一身之中，至萬物之理，但理會得多，相次自然豁然有覺處。又曰：「今日格一件，明日格一件，積習既多，然後脫然有貫通處。」（遺書卷十七）

又云：

物我一理。纔明彼，卽曉此，合內外之道也。語其大，至天地之高厚。語其小，至一物之所以然。學者皆當理會。（遺書卷十八）

或問「致知先求諸四端如何？」此指惻隱、是非、辭讓、羞惡言。曰：

求諸性情，固是切於身。然一草一木皆有理，須是察。（遺書卷十八）

如是由「格物」又說到「窮理」。伊川曰：

格猶窮也，物猶理也。窮其理，然後足以致知。（遺書卷二十五）

「主敬涵養」是內面事，明道說內外合一，存久自明。由內本可通外。「格物窮理」是外面事，伊川也說內外合一，纔明彼卽曉此。由外亦可通內。但兩者之間，偏重不同。何以伊川定要在涵養外添出格物窮理一節，此因伊川認定「性卽理」一語。自然要明性便該窮理，不像明道般只說「存久自明」了。似乎伊川說更添進了一番學問精神，纔始更近於先秦。

伊川又說：

性無不善，而有不善者才也。性卽是理，理則自堯、舜至於塗人一也。才稟於氣，氣有清濁，稟其清者為賢，稟其濁者為愚。（遺書卷十八）

此處伊川說性善，則又顯與孟子不同。孟子謂堯、舜與人同類，故相似。伊川明明謂堯、舜與塗人「才」有不同，一稟氣清，一稟氣濁。其所同者乃在「理」。理則在外，不屬於人，所以橫渠要分別「氣質之性」與

「天地之性」。氣質之性，顯然有別。天地之性，始是大同。此處卻不能不說伊川較孟子更入細。

伊川又說：

> 性卽理也。天下之理，原其所自，未有不善。喜怒哀樂之未發，何嘗不善？發而中節，則無往而不善。發不中節，然後為不善。（遺書卷二十二上）

伊川此說，復與中庸本義相乖。中庸只說人人皆有喜怒哀樂之性，既有此性，卽有此道。「率性之謂道」。既謂之道，卽非不善。惟其因物而發，乃有中節、不中節之辨。中節是善，不中節是不善。此說本極明白。今伊川之意則把喜怒哀樂之未發屬之於「理」。因「性卽理」。「理」則當俟其中節、不中節而見。合理卽中節，不合理卽不中節。所以孟子說「窮理盡性以至於命」。康節曰：「天使我有是之謂命，命之在我之謂性，性之在物之謂理。」此語較合古義。惟其喜怒哀樂事事中節，乃始算得善盡我喜怒哀樂之性。伊川之意，則若人心中先存在有此「中節」之「理」，於是一面要教人「格物窮理」，因其纔明彼卽曉此。一面又要教人「看喜怒哀樂未發以前氣象」。此是程門相傳學訣。試問氣象豈能說是理，又豈能說是性？其實還是濂溪的一個虛靜。還是有一本體觀存在。此處是二程一致處。

「理」之對面是「欲」。伊川說天理、人欲，只是公、私之辨。他說：

不是天理，便是私欲。人雖有意於為善，亦是非禮。無人欲卽皆天理。（遺書卷十五）

天理、人欲之辨，是宋儒一大題目。孟子只說同然之心，心與心相同然，卽私便是公。伊川則謂要無私始是公。其實人心莫不有私，而且無私也不必卽得人心所同然。依孟子意，要善推其心始是公，著重在行為上。依伊川意，天理、私欲之辨，著重在人心本體上。此處仍見宋儒與先秦儒之分別。

伊川又說：

公則一，私則萬殊。至當歸一，精義無二。（遺書卷十五）

大而化，則己與理一，一則無己。（遺書卷十五）

若就「窮理」說，自必無己。若就「率性」說，則不能無己。「為仁由己」，無己又如何有為仁者呢？正為伊川看「性」卽是理，是公，所以說：

性中只有仁、義、禮、智四者，幾曾有孝弟來？（遺書卷十八）

人性中並無孝弟，就儒家傳統言，不得不謂是大膽怪論。而伊川必如此說，亦有其理由。似乎伊川認仁、義、禮、智是公的，故是理，孝弟則屬私的，故是事是行。性只是理，由理流出，纔始有事與行。此卽由體見用。故要說性中沒有孝弟了。孔、孟只說到由心向外達行，宋儒則要由心向內達理。先秦只注意在人文的實際行為，宋儒則要注意到人生之最先原理，因此遂生出種種不同。但如伊川此等議論，則無怪要遭人非議了。伊川又說：

仁，理也。人，物也。以仁合在人身言之，乃是人之道也。（外書卷六）

問如何是仁，曰：只是一個公字。（遺書卷二十二上）

可見伊川認「仁」是公是理，故為性中所有。義、禮、智皆仁也，明道已言之。但要把仁來合上人身，則理在人之外，不在人之內。人心可以窮理，可以認識此理，把來合在人身。人心只如一面鏡，可以照見理，故貴能格物窮理。大致伊川還如明道般，只說得詳密些。但詳密處便見他們的歧異處。伊川又說：

論性不論氣不備，論氣不論性不明。（遺書卷六）

「性」是理。「氣」是人身，是心，是才。只論一個理與性，不落實到人身上則不完備。但只論氣不論性，則一切理與善皆不明其所由。伊川又說：

天下更無性外之物。又說：「理外之事則無。」但伊川却從不說天下更無物外之性與事外之理。（遺書卷十八）

到底要把性高舉在物之上，但也終於抹殺不了物，如是則儼然成了性、氣二元，遂引出後來朱子之理氣論。但朱子說得較伊川更細密，成為理氣渾合的一元論。亦可說是性理渾合的一元論。終不使性、氣分成二元。總之宋儒要在天地萬物一切實體或現象之上來建立一本體，這是當時思想界一共同趨嚮，伊川仍和濂溪、橫渠相距不遠。而到朱子始集其大成。

三五　朱晦菴

上述諸家都在北宋，南宋朱子出，纔始集諸家之大成。朱子思想極闊大，又極細密。他想把濂溪、康節、橫渠、二程種種異見都包容和會，再上通諸孔孟先秦儒，兼及道、釋，而組織成一大系統。但朱子思想，主要還是沿襲二程，更是沿襲伊川的多。最顯著的莫如他的大學格物補傳。大學是程門新經典，朱子大學章句開始說：

> 子程子曰：大學，孔氏之遺書，而初學入德之門也。於今可見古人為學次第者，獨賴此篇之存，而論、孟次之。學者必由是而學焉，則庶乎其不差矣。

大學既如是重要，而程、朱相傳，皆認大學古本有錯簡，有脫文。最要者，在八條目開始第一步工夫，卽所謂「致知在格物」者，亦有脫文，於是朱子自謂竊取程子之意以補之。曰：

> 所謂致知在格物者，言欲致吾之知，在卽物而窮其理也。蓋人心之靈，莫不有知，而天下之物，莫不有理。惟於理有未窮，故其知有不盡也。（孟子謂窮理盡性，此則變成窮理盡知。）是以大學始教，必使學者卽凡天下之物，莫不因其已知之理而益窮之，以求至乎其極。至於用力之久而一旦豁然貫通焉，則衆物之表裏精粗無不到，而吾心之全體大用無不明矣。此謂格物，此謂知之至也。

此卽所謂格物補傳。這裏面最重要的意見，還是一種心、理兩分說。此所謂理，是兼包事物之理而言。若謂物理、吾心是二非一，此尚可說。謂事理、吾心判然劃分，則義難圓成。然朱子持此見解，也自有他思想上的背景。玉山講義也如格物補傳，可以代表朱子晚年意見。講義裏說：

天之生物，各付一性。性非有物，只是一個道理之在我者耳。故性之所以為體，只是仁、義、禮、智、信五字。天下道理不出於此。物理如何亦用仁、義、禮、智、信五字包括，此是一大漏洞。朱子在此處，未能有詳細發揮。後世之言性者，外雜佛、老，所以將性字作知覺心意看了，非聖賢所說性字本指。

這裏說出了宋儒思想一重要關鍵。佛家言佛性，實際只是指一個「覺」。朱子說：

知覺之理是性，所以當如此者，釋氏不知。他但知知覺，沒這理。（語類卷一二六）

佛家又從「知覺是性」轉出「作用是性」來，此到禪宗盛後更顯。朱子說：

釋氏專以作用為性，在目曰見，在耳曰聞，在鼻齅香，在口談論。在手執捉，在足運奔。且如手執捉，執刀胡亂殺人，亦可為性乎？（語類卷一二六）

龐居士神通妙用運水搬柴之頌，須是運得搬得，方是神通妙用。若搬運得不是，如何是神通妙用？佛家所謂作用是性，他都不理會是和非，只認得那衣食作息視聽舉履便是道。說我這個會說話會作用底，叫著便應底，便是神通妙用，更不問道理如何。儒家則須是就這上尋討個道理。（語類卷六十二）

宋儒闢佛，是要在此心明覺之外提示一所覺之「理」來。所以明道說：「吾學雖有所受，天理二字，卻是自家體貼出來。」這是宋儒闢佛一最大根據。儒言理，佛學則不言理。竺道生、謝靈運曾特別提到「理」字，華嚴宗更愛言「理事無礙」法界，但佛學最後嚮往在出世，其所言理，非儒家重視修、齊、治、平、仁、義、禮、智之理。禪宗最富由眞返俗精神，但不言修、齊、治、平、仁、義、禮、智，遂逼出「作用是性」之說。後人稱之為儒、釋疆界。荀子云：

> 凡以知，人之性也。可以知，物之理也。（荀子解蔽）

昔子貢言孔子「性與天道，不可得聞」。孟子始力言性，中庸又盛言天道。荀子不喜言天道，乃曰：「凡以知，人之性。可以知，物之理。」然此「理」字，在先秦諸家終少言。魏晉以至隋唐道、釋兩家，始多言理。宋代理學程、朱一派，乃兼言理氣、心性。時代變，思想亦隨而變。所用名詞及其涵義之紛歧出入，自不可免。自明道言天理，伊川言性卽理，朱子以心屬氣與性屬理對舉。惟能知者是心非性，而以心與理兩分，則卻近荀子。

孟子曾說：「惻隱之心，仁之端也。」此謂人有惻隱之心，推擴引伸卽是仁，故惻隱之心是仁道之開端，如此則性卽由心而見。但朱子卻說：

> 謂之端者，猶有物在中而不可見，必因其端緒發見於外，然後可得而尋。（玉山講義）

如此則成為仁之性藏在人心中，露出端倪來，是惻隱之心。「性」是深藏在內之本體，（此體在天地間卽是「理」。）「心」只是顯露在外之末端。如是則不免要人從此外露的端緒「心」來向內尋索，求能認識此深藏之本體「性」。（故程門要教人「看喜怒哀樂未發氣象」。惟朱子對此有疑辨。詳後。）先秦儒只要人把此心向外推擴，在人生實際事為上創生出仁、義、禮、智。若套伊川話頭，應該說性中只有孝弟，幾曾有仁、義、禮、智來。（故有子曰：「孝弟也者，其為仁之本與。」）

孟子又說：「盡其心，知其性也，（盡須向外推擴。）知其性，則知天矣。」朱子曰：

> 心者，人之神明，所以具眾理而應萬事者也。性則心之所具之理，而天又理之所從以出者也。人有是心，莫非全體。然不窮理，則有所蔽而無以盡乎此心之量。故能極其心之全體而無不盡者，必其能窮天理而無不知者也。（孟子集注盡心章）

此說卽是伊川所謂「沖漠無朕，萬象森然」。心至虛而至大，所以可以容藏萬理。然心只是一種神明，可以察理見理，而非卽是理。照孟子意見，則必盡人心之所能到達而始知人性之眞實際限，故說「盡心知性」。照朱子意見，則必窮盡天地萬物之理，而始到達此心知之全容量，則變成「窮理以盡心」，或「窮理以盡知」了。大抵伊川、晦翁只肯說「性卽理」，不肯說「心卽理」。心雖能照察理，容藏理，而心本身則不能流出理來。因理是性，非心。故雖說心可與理為一，實際則心還是與理為二。朱子說：

> 吾以心與理為一，彼指釋氏。以心與理為二。彼見得心空而無理。此見得心雖空而萬物咸備也。（語類卷一二六）

又說：

> 釋氏既主心空無理，所以只要認得此心便夠。今既主心具眾理，則不得不於此眾理上下工夫。

其實朱子雖說「性是一個道理在我」，見上引玉山講義。也可說不在我。雖說「性在心中」，也可說心不是中。雖說「心與理一」，也可說是心與理二。朱子雖竭力闢佛，但其說心，卻很像釋氏之說。所謂涅槃佛性是第一義空，此後台、禪諸宗主張明心見性，即心即性，心只是一個虛明靈知，此即所謂「心空」。惟其只是一虛明靈知，所以適成其為第一義空之性。今朱子似乎仍說「心空」，仍只說心是一虛明靈知，豈不與佛家相近？其實人心除虛明靈知外，還有它自己的嚮往與要求，並不眞是空虛而靜的像鏡子般。若否認了人心所自有之嚮往與要求，則何從再來判說性善與性惡？程、朱把性與心劃分，用意在要闢佛，但反而有些處更不似台、禪諸宗之比較還近於先秦儒說心性之本義。陸、王繼起來反程、朱，卽從此等處發揮。

現在要說到此來入心中之性，朱子在此方面，則用濂溪、橫渠思想來彌縫二程之所缺。朱子的心性論，承襲了二程。他的理氣論，則參酌了周、張。朱子說：

先有個天理了卻有氣，氣積為質，而性具焉。（語類卷一）

理氣本無先後之可言，然必欲推其所從來，則須說先有是理。然理又非別有一物，卽存乎氣之中。無是氣，則是理亦無掛搭處。又說：「無此氣，則此理如何頓放。」（語類卷一）

其實朱子這番見解，也極受華嚴影響。朱子說：

釋氏云：「一月普現一切水，一切水月一月攝。」這是那釋氏也窺見得這些道理。濂溪通書只是說這一事。（語類卷十八）

可見朱子也承認濂溪通書中道理也有與華嚴相通的了。現在再問理與氣的分別何在呢？朱子說：

氣則能凝結造作，理卻無情意，無計度，無造作，只此氣凝聚處，理便在其中。（語類卷一）

又說：

理只是個淨潔空闊底世界，無形迹，他卻不曾造作。氣則能醖釀凝生物也。但有此氣，則理便在其中。（語類卷一）

道家舊說，理只是一氣運行中之自然條理，今乃說成一「淨潔空闊的世界」，而又在氣之中，則極像橫渠之「太虛」。卻不似濂溪之「太極」。因理並不能推動氣，主宰氣。曹月川明儒曾說：

觀語錄朱子的。謂太極不自會動靜，乘陰陽之動靜而動靜，遂謂理之乘氣，猶人之乘馬。馬之一出一入，而人亦與之一出一入，以喻氣之一動一靜而理亦與之一動一靜。若然，則人為死人，不足以為萬物之靈。理為死理，不足以為萬物之原。理何足尚，而人何足貴？王浚川也說：「性卽是理，則無感無應無動，一死局耳。」又說：「理安能動。」（明儒學案卷四十四）

這一批評最透徹，像是中了朱子要害。其實朱子所謂理，有時正像釋氏之言涅槃佛性，所以要說它是一個淨潔空闊的世界。朱子又說：

山河大地都陷了，理畢竟卻在。（語類卷一）

這不是涅槃佛性是什麼呢？自然朱子所講理之內容，包有修、齊、治、平與仁、義、禮、智，決不是佛家之涅槃空寂。但試問人類滅絕了，那些修齊治平與仁義禮智之理，是否還存在？而且在未有人類之前，那些修齊治平與仁義禮智之理，是否已存在呢？朱子的理氣論，若要嚴格劃分看，顯見有問題。但若會通渾合看，則並不如後人之所疑。此中應更有闡究。

朱子的宇宙論，像是理氣二元，他的人生論，又像是心性二元。宇宙的一切動作，在氣不在理。則人生界的一切動作，自然也在心不在性。所以說：

心便是官人，性便是合當做的職事，氣質便是官人所習尚，或寬或猛，情便是當廳處斷事。（語類卷四）

作主在此官人，這屬於人生界。指派職事的是天，這屬於宇宙界。此官人若要盡職，必得向「理」與「性」上下工夫。先求識職，再能盡職。此識與盡的工夫則在「心」。故說：

性者心之理，動者是情，主宰是心。（語類卷五）
心屬氣。

人多說性方說心，看來當先說心。（語類卷五）

故朱子在宇宙本體論上，主張理先於氣。在人生工夫論上，卻主張心先於性。天與人在此上正一倒轉，這卻有極深涵義，所當認識。他又說：

天地若無心，則須牛生出馬，桃樹上發李花。心便是他箇主宰處。（語類卷一）

又說：

天下之物，至微至細者亦皆有心，只是有無知覺處爾。且如一草一木，向陽處便生，向陰處便憔悴，他有箇好惡在裏。（語類卷四）

此等處，其實正是孟子、中庸之所謂「性」。只要看他有此一定的傾嚮和趨勢，此即是性，亦即是天地間萬理所從出，更何必另放一理在氣之先，另安一性在心之中？而此所謂理與性者又是沒氣力不能主宰的，豈不多此一舉？因此朱子有時也頗像在承認「心卽理」。他說：

心固是主宰之意，然所謂主宰者卽是理也。不是心外別有箇理，理外別有箇心。

如此說則極直捷明了。但朱子並不常常如此說，他總喜說「性卽理」，總不喜歡說「心卽理」。此在朱子還是有他的苦衷，這一層讓待後面詳說。

現在再說落實到人生界以後朱子的所謂理，又是如何的呢？朱子說：

論萬物之一原，則理同而氣異。此屬宇宙界。觀萬物之異體，則氣猶相近而理絕不同。此落實到天地萬物與人生界。（文集卷四十六答黃商伯）

氣反而是相近，理反而是絕不同，這一分辨極關重要。所以說：

道理散在事物上，卻無總在一處的。（語類卷一二〇）

天下豈有一理通，便能萬理皆通，也須積累將去。（語類卷十八）

萬理雖只是一理，學者且要去萬理中千頭萬緒都理會，四面湊合來，自見得是一理。（語類卷一一七）

這些見朱子的窮理精神。朱子要教人零零碎碎從小處湊合，卻不喜人開口便高談大本大原。因若高談大本大原，外面便是天，內面便是心，朱子不喜言心卽理，正恐人在此耽誤了。

佛學在宋代依然極流行，卽程門高第如謝上蔡、游定夫、楊龜山，後梢皆入禪去。（此亦朱子語。）從楊龜山一傳為羅從素，再傳為李愿中，都教人「看喜怒哀樂未發之謂中」。（伊川曾云：「善觀者却於喜怒哀樂已發時觀之。」可見龜山有失師傳。）未發時作何氣象？朱子親受學於李愿中，但朱子很懷疑這一教法。他說：

> 李先生為默坐澄心之學，只為李先生不出任，做得此工夫，若是仕宦，須出來理會事。（語類卷一一三）

其實這還是朱子對李先生的客氣話。他又有一篇觀心說，謂：

> 佛者有觀心說，夫心一而不二者也，為主而不為客者也。命物而不命於物者也。故以心觀物，則物之理得。今復有物以反觀乎心，則是心外復有一心而能管乎此心也。此亦不待教而審其言之謬矣。

朱子只教人用心向外識理，不教人回頭自識此心。他說：

古人之學，所貴於存心者，蓋將推此以窮天下之理。今之所謂識心者，乃欲恃此而外天下之理。（因其主心即理。）是以古人知益崇而禮益卑。今人則論益高而其狂妄恣睢也愈甚。（文集卷五十六答方賓王）

又說：

這道理無所不該，無所不在，所以聖人教人要博學。（語類卷一一七）人如何不博學得？若不博學，氣質純底，將來只成一箇無見識底獃人。若是意思高廣底，將來過不下，便都顛了。

博學便是要向外窮理。只教人識心，把向外的門關了，又無異是把心也制死了。所以說：

若只收此心，更無動用生意，又濟得什麼？

又說：

心要活，活是生活之活，對著死字。活是天理，死是人欲。

人心向外識理是活的，是天理自然。若閉門兀坐，塊然牢守此心，求其靜定，那反是人欲，反而是死了。朱子對身心內外之辨，亦有極透闢的解答。他說：

身心內外，初無間隔。所謂心者固主乎內，而視聽言動出處語默之見於外者，亦卽此心之用而未嘗離也。今於其空虛不用之處，則操而存之，於其流行運用之實，則棄而不省，此於心之全體，雖得其半而失其半矣。然其所得之半，又必待有所安排布置，然後能有，故存則有揠苗助長之患，否則有舍而不芸之失，是其所得之半，又將不足以自存而失之。（文集卷四十五答楊子直）

此種見解何等爽朗？正為當時一輩學者，把孟子「存心」「收放心」云云的眞實含義誤解了，認為心卽是理，只要把此心收回存著，便是把柄在手，一了百了，所以朱子說：

只存此心，便是不放，不是將已縱出了底依舊收將轉來。舊底已是過去了，這裏自然生出來。

心是活的，如流水般，只流動自然能生，朱子此說對心體看得極真切。他說：

如渾水自流過去了，如何會收得轉，後自是新底水。

故存心、收放心，只是要此心能活，能流動，能生新，不是要死守，不是：

捉取此物藏在胸中。（文集卷四十五答廖子晦）

操存只是教你收斂，教那心莫胡思亂量，幾曾捉定有箇物事在那裏？（語類卷一一七）

又說：

不是塊然守定這物事在一室，關門獨坐，便可以為聖賢。自古無不曉事底聖賢，亦無不通變底聖賢，亦無關門獨坐底聖賢。聖賢無所不通，無所不能，那箇事理會不得，所以聖賢教人要博學。（語類卷一一七）

朱子千言萬語，還是歸到「博學」上。那時人正為認心即是理，只要反而求之，故謂讀書不是緊要事。朱子勉人博學，自然要獎勵人讀書。他說：

人心知此義理，行之得宜，固自內發。人性質有不同，或有魯鈍，一時見未到，得別人說出來，反之於心，見得為是而行之，是亦內也。人心所見不同，聖人方見得盡，豈可一一須待自我心而出，方謂之內。（語類卷一二四）

簡策之言，皆古先聖賢垂教無窮，所謂先得我心之同然者。凡吾心之所得，必以考之聖賢之書，脫有一字不同，更精思明辨，以益求至當之歸。（文集卷四十二答吳晦叔）

朱子此等話，固像在竭力教人向外格物窮理，博學讀書，其實一切都是盡心工夫。惟其如此纔能眞盡心，眞識心。而當時學者不瞭此義，總認為有一心體存在，若認識了，則一切理自然從中流出，不煩再有研尋。朱子力斥此見。故說：

心固不可不識，然靜而有以存之，動而有以察之，（靜存動察，是朱子常愛說的話。）則其體用亦昭然矣。近世之言識心者則異於是。蓋其靜也，初無持養之功。其動也，又無體驗之實。但於流行發見處認得頃刻間正當意思，便以為本心之妙不過如是，擎夯作弄，做天來大事看。不知此只是心之用耳。（此非「心之體」，仍只是「心之用」，此辨極精闢。此事一過，此用便息。豈有只據此頃刻間意思，便能使天下事事物物無不各得其當之理？禪宗「作用是性」，正誤在此處。（文集卷五十六答方賓王）

因此朱子極不喜歡人講徹悟心體那種渺茫話。徹悟心體的另一說法，便是所謂「見道」。朱子說：

道不是有箇物事閃閃爍爍在那裏。（文集卷四十五答廖子晦）

大抵這些講頓悟見道的人，又愛說他是從源頭上明白了，朱子又力斥其說。他謂：

如吾友所說，從原頭來，卻要先見箇天理在前面，方去做，此正是病處。是先有所立卓爾，然後博文約禮也。若把這天理不放下，相似把一箇空底物，放這邊也無頓處，那邊也無頓處。這天理說得蕩漾，似一塊水銀，滾來滾去，捉那不著。又如水不沿流遡源，合下便要尋其源，鑿來鑿去，終是鑿不得。（語類卷一一七）

所以朱子對心體、道體、天理、大本大原那些空頭話，最不喜人講。他說：

> 性命之理雖微，然就博文約禮實事上看，亦甚明白，正不須向無形象處東撈西摸，如捕風捉影，用意愈深，而去道愈遠。

若眞要講喫緊人生，朱子教人「博文約禮」纔是在人生上眞喫緊。所以，朱子雖儘教人博文約禮，格物窮理，好像儘向外面事事物物上用工夫，但朱子對於心的一邊，實在一些也不看輕，不放鬆。他說：

> 心與理一，不是理在前面為一物，理便在心之中。若理在前面為一物，便要如朱子所識在本原上硬鑿了。（語類卷五）

此心虛明，萬理具足。外面會得者，卽裏面本來有底。所以我們若眞個落實在人生實際的事為工夫上看，則朱子的話，實在一句也不錯。只有朱子，能把宋代理學家的一切說法，切實上通到先秦儒孔孟傳統。也只有朱子纔眞能闢佛，把佛家尤其是禪宗的種種病根，都挖掘淨盡了。後人都稱程、朱為「理學」，陸、王為「心學」，其實朱子講心學方面的話是最精采的。他講理先於氣的本體論上，我們通其全體而觀，也可說他講的是「理氣渾合的一元論」，也可說其是講的「性理一元論」，與先秦儒之「德性一元論」，還是一意相承。只是先秦時代重用一「德」字，朱子重用一「理」字，那是時代演進使然。明儒羅整菴，力尊朱學，但想駁正他理先於氣的說法，這是整菴也不眞懂得朱子。以後如清儒顏習齋、戴東原，他們所攻擊朱子的，其實正是朱子當時在竭力攻擊別人的，那又何曾眞搔到前人的痛癢處？

三六　陸象山

朱子是宋學的集大成，但卽在朱子同時，便有起來反對朱子的，那是陸象山。朱子講「性卽理」，象山則講「心卽理」。當時人說陸子不喜歡言性。

或問先生之學亦有所受乎？曰：

> 因讀孟子而自得之於心也。（語錄）

孟子是象山學脈，自得於心是象山學髓。他說：

> 心卽理也，此心此理，不容有二。羅整菴引孟子「義理之悅我心，猶芻豢之悅我口」，說可見心不卽是理，若謂「此心同，此理同」，便無病。（語錄）

又曰：

堯、舜曾讀何書來？若某則不識一個字，亦須還我堂堂地做個人。（語錄）

朱、陸鵝湖之會，爭辨異見，未得解決。朱子教人先泛觀博覽而後歸之約，象山欲先發明人之本心而後使之博覽。朱子以象山為太簡，象山以朱子為支離。象山之學，正在「簡」上著精神。他說：

今天下學者，惟有兩途。一途樸實，一途議論。足以明人心之邪正，破學者窟穴矣。又說：「千虛不博一實，我生平學問無他，只是一實。」（語錄）

學者窟穴便在議論。象山云：

人心只愛去泊著事，教他棄事時，如鶻孫失了樹，更無住處。（語錄）

議論亦是泊著事。否則是虛。他說：

讀書須血脈骨髓理會，今學者讀書只是解字，更不求血脈。（語錄）

解字亦是泊著事。否則亦是虛。總之解說議論全在外皮，不關自己血脈心髓。從來讀書人自有此病，但朱子教人讀書、教人解字，卻正是教人在血脈骨髓處理會。堯、舜以前固是無書可讀，但孔孟以後，卻不能教人不再讀書。象山所言極見精采，但終是有偏。他又說：

為學有講明，有踐履。必一意實學，不事空言，然後可以謂之講明。（文集卷十二答趙詠道）

實則朱子也是重踐履與一意實學，不能謂朱子於孔孟傳統無講明。象山又說：

老夫無所能，只是識病。（語錄）

學者之病，隨其氣質，千種萬態，何可勝窮。至於各能自知，能用力處，其致則一。（語錄）

誠者自誠也，而道自道也，聖賢道一個自字煞好。（語錄）

或問先生之學自何處入，曰：

不過切己自反，改過遷善。（語錄）

傅子淵自象山處歸其家，陳正己問曰：「陸先生教人何先？」曰：「辨志。」復問曰：「何辨？」對曰：「義、利之辨。」實際象山講學宗旨，只此幾句已盡。故曰：

今之論學者，只務添人底，自家只是減他底，此所以不同。（語錄）

所以象山常教人「收拾精神」。他說：

人精神在外，至死也勞攘；須收拾作主宰。收得精神在內，當惻隱卽惻隱，當羞惡卽羞惡，誰欺得你？誰瞞得你？見得端的後，常涵養，是甚次第？（語錄）

後人疑象山收拾精神與心不可汩一事之說為禪學，如陳建學蔀通辨。但象山講義、利之辨，便知與禪學亦就有不同。象山最喜歡孟子「先立乎其大者」一語，他說：

大綱提掇來，細細理會去，如魚龍游於江海之中，沛然無礙。（語錄）

象山講學，也實在只提掇一大綱。若眞要細細理會，還得去請教朱子。

象山講學，一面能指點出人病痛，一面能激發得人志氣。他說：

此理在宇宙間，何嘗有所礙？是你自沉埋，自蒙蔽，陰陰地在箇陷阱中。（語錄）

要當軒昂奮發，莫恁地沉埋在卑陋凡下處。（語錄）

龎鷄終日營營，無超然之意，須是一刀兩斷，何故營營如此？營營底討個什麼？（語錄）

象山講學語，大體不過這些子。然在當時，與朱子平分江漢，後人並稱為朱、陸。並謂「宋儒有朱、陸，乃千古不可合之同異，亦千古不可無之同異。」章實齋語。然朱、陸同異，要到王陽明手裏，纔始發揮盡致。

三七　王陽明

明代思想，大體承襲宋儒，到王陽明始另闢蹊徑。他要發揮孟子、象山來和朱子對壘而提出他的「良知」之學，所以後人稱程朱與陸王。

如何是陽明所說的「良知」呢？陽明說：

知善知惡是良知。（傳習錄下）

良知是天理之昭明靈覺處，故良知即是天理。（傳習錄中）

象山說「心即理」，陽明為他補足，說心有「良知」，自能分辨善惡，故人心之良知即天理。但知善知惡是能知之心，善惡是所知之理，其間是不是仍有分辨呢？陽明說：

良知只是個是非之心，是非只是個好惡，只好惡便盡了是非，只是非就盡了萬事萬變。（傳習錄就宇宙論，是非不一定即是善惡。就人生界論，則是的便是善，非的便是惡。一是物理，即自然之理。一是事理。即人文之理。朱子把此合攏講，陽明把此分開講。陽明所謂天理，主要是指人生界之事理，不在泛講天地自然。如是則把天理的範圍弄狹窄了。陽明說這一種是非的最後標準，根本在人心之好惡。人心所好即是，人心所惡即非。所好所惡者，雖是外面的事物，但好之惡之者，是人的心。人心所好便是，人心所惡便非。若無我心好惡，外面事物根本無是非可言。此是非仍屬人生界。是是非非，我們稱為天理，那天理豈不就是人心了嗎？縱可說人心有時不知是非、善惡，但那有不知好惡的呢？知得好惡，即就知得善惡，因此說「知善知惡是良知」。

人那有不好生惡死？因此助長人生便是善，陷害人死便是惡。此理因人心之好惡而有，並不是在未有生命，未有人心好惡以前，便先有了此理。但人心既是好善惡惡，何以人生界乃至人心上，還有許多惡的存在呢？這便要說到陽明所謂之「知行合一」。

陽明所謂的「知行合一」，不指工夫言，乃指本體言，是說知行本屬一體。陽明弟子徐愛，因未會先生知行合一之訓，來問陽明，陽明說：「試舉看！」愛曰：「如今人儘有知得父當孝，兄當弟，卻不能孝，不能弟，便是知與行分明是兩件。」陽明說：

此已被私欲隔斷，不是知行本體了。未有知而不行者。知而不行，只是未知。故大學指個眞知行與人看。說「如好好色，如惡惡臭」。見好色屬知，好好色屬行。只見那好色時已自好了。不是見了後久立個心去好。若不先好，則不知他是好色。聞惡臭屬知，惡惡臭屬行，只聞那惡臭時已自惡了，不是聞了後立個心去惡。若不先惡，則不知他是惡臭。如鼻塞人見惡臭在前，鼻中不曾聞得，便亦不甚惡，亦只是不曾知臭。久如知痛，必已自痛了方知痛。知寒，必已自寒了。知饑，必已自饑了。知行如何分得開？此便是知行的本體，不曾有私意隔斷的。（傳習錄上）

依照陽明這番話，人類知有孝，必已先自孝了。知有善，必已先自善了。參看前述孟子論性善節。如是則豈不又成了行先於知嗎？我們若就宇宙自然言，除非如西方宗教家所說，行先於知是不錯的。但若刻就人文界言，則人類一切行為莫不發於心，普通說心是知，不是行。故說心卽理，說知行合一。卻不說行先於知。陽明說：

知是行的主意，行是知的功夫。知是行之始，行是知之成。若會得時，只說一個知，已自有行在。只說一個行，已自有知在。（傳習錄上）

則陽明所謂心，是知行合一的。若把這番話推到宇宙界，來講朱子的理氣論，也可說理是氣的主意，氣是理的工夫。只說理，已有氣。只說氣，已有理。理氣也是合一的。但陽明不也說「知是行之始」嗎？則朱子說理先於氣，豈不仍與陽明一致？這裏卻又有個分別。因為陽明說的「知」是活的，有主意的，朱子說的「理」是靜的，無造作的。因此朱子說知只是覺，而陽明說知卻有好。朱子只說心能覺見理，卻沒有說心之所好卽是理。朱子是性與心分，陽明是性與心一。故朱子不得不把心與理分，而陽明則自然心與理一。

若心知只是覺，則知了未必便能行，因此心與理是二。若心知覺中兼有好，則知了自能行，因此心與理是一。陽明繼此提出一「誠」字。他說：

> 凡學問之事，一則誠，二則偽。（傳習錄中）
>
> 殺人須就咽喉上著刀，吾人為學，當從心髓入微處用力。自然篤實光輝。雖私欲之萌，眞是紅爐點雪，天下之大本立矣。

又說：

> 以誠意為主，卽不須添敬字。（傳習錄上）

此處陽明把「誠」字來代替「敬」字，此是陽明與程、朱心學工夫上的主要分歧點。但此所謂心體之誠，說似容易，得之實難。人自有生以來，卽有種種習染，積疊成私欲，如鏡上塵埃，如水中渣滓，夾雜在心，把此心體之誠遮掩了，障礙了，隔斷了。所以陽明說：

學者欲為聖人，必須廓清心體，使纖翳不留，眞性始見，方有操持涵養之地。（年譜正德五年）

又說：

聖人之心如明鏡，纖翳自無所容，自不消磨刮。若常人之心，如斑垢駁蝕之鏡，須痛加刮磨一番，盡去駁蝕，然後纖塵卽見，纔拂便去，亦不消費力。到此已是識得仁體矣。若駁蝕未去，其間固自有一點明處，塵埃之落，固亦見得，纔拂便去。至於堆積於駁蝕之上，終弗之能見也。（答黃宗賢應原忠）

又說：

平日好色好利好名之心，原未嘗無。旣未嘗無，卽謂之有。譬之病瘧之人，雖有時不發，病根

原不曾除。須是一應私心，掃除蕩滌，無復纖毫留滯，而此心全體廓然，純是天理，方是天下之大本。（傳習錄上）

如何般廓清心體呢？陽明最先常教人靜坐，息思慮，使自悟性體。然陽明說：

俟其心意稍定，只懸空靜守，如槁木死灰，亦無用。須教他省察克治。如去盜賊，須有掃除廓清之意。無事時，將好色好貨好名等私逐一追究搜尋出來，定要拔去病根，永不復起，方始為快。常如貓之捕鼠，一眼看著，一耳聽著，纔有一念萌動，卽與克去，斬釘截鐵，不可姑容，與他方便。不可窩藏，不可放他出路，方是眞實用功，方能掃除廓清，到得無私可克，自有端拱時在。（傳習錄上）

陽明此番工夫，略如橫渠、伊川所謂「變化氣質」，以及朱子所謂「靜存動察」，尤其是佛家，對此種工夫，更是注意。陽明自己在龍場驛一段生活，正是這番工夫的眞實踐履。所以陽明說：

某於此良知之說，從百死千難中得來，不得已與人一口說盡。只恐學者得之容易，把作一種光景玩弄，不實落用功，負此知耳。（年譜正德十六年）

陽明這一番工夫，也可用近代心理學中所謂精神分析術的理論來加以解釋。就普通日常人言，雖不致有如精神病者人格分裂等之現象，然實人人心中有一種「潛意識」與「顯意識」之不斷衝突。此卽先秦儒家之所謂天人交戰，亦卽宋明儒之所謂渣滓、障礙、夾雜。宋明儒所理想之「純乎天理」，乃指一種最單純最調和的心理境界而言。人心到此境界，其潛意識已全部融化，直從心坎深處到達外面行為，表裏如一，全人格充實光明，更無絲毫掩飾偽裝，或絲毫隱藏躲閃。卽其全部的潛意識發展成全部的顯意識，顯、潛全體融合。此種理想的人格精神之圓滿一致，卽陽明所謂「良知之誠一」。此惟小孩童眞心理，較相近似。然童眞心理只是自然，此自然心態透入人文複雜環境中，便易喪失了。必待在人文環境中經歷世故，由學問修養中磨練，再來回復此體。孟子所謂「大人者，不失其赤子之心者也」，卽指此種心態之回復。陽明說此種心態：

> 只是一個良知，一個眞誠惻怛。（傳習錄中）
>
> 發之事父便是孝，發之事君便是忠，發之交友治民便是信與仁。（傳習錄上）

這種心態眞誠純一，是自然的，但又是經過在人文環境中之甚深的洗煉的。如何獲得此心態，則有兩種工夫可做。上述靜坐與省察克治，僅是消極工夫。陽明後來便教人「致良知」，教人「卽知卽行」，則是積極工夫。他說：

要此心純是天理，須就理之發見處用功。陽明他處稱此為事上磨練。爾那一點良知，是爾自家準則。爾意念著處，他是便知是，非便知非，更瞞他一些不得。爾只不要欺他，實實落落依著他做去。（傳習錄上）

他又說：

今日知到這裏，今日便行到這裏。

如人走路般，走得一段，方認得一段。走到歧路處，有疑便問，問了又走，方漸能得欲到之處。今人於已知之天理不肯存，已知之人欲不肯去，只愁不能盡知。只管閒講，何益之有？（傳習錄上）

聖人無所不知，只是知個天理。無所不能，只是能個天理。聖人本體明白，故事事知個天理所在，便去盡個天理。不是本體明後，卻於天下事物都便知得便做得來也。（傳習錄下）

陽明又說：

此須識我立言宗旨。今人學問，只因知行分作兩件，故有一念發動，雖是不善，然卻未曾行，便不去禁止。我今說箇知行合一，正要人曉得一念發動處便卽是行了。發動處有不善，就將這不善的念克倒了，須要徹根徹底不使那一念不善潛伏在胸中，此是我立言宗旨。（傳習錄下）

現在我們把陽明的話，前後配合來看。人人都有良知，人人都能自知善惡，我們若自知此一念是惡，便該把此一念克了，須徹根徹底不使此一念潛伏胸中。我們若自知此一念是善，便該實實落落依著這一念做去。不要使潛藏在心底的和透露在外面的，日漸分成兩橛。如此便是所謂「存天理，去人欲」。

如此則人欲日消，天理日明。（傳習錄上）

如此做法，便可到「此心純乎天理」，卽「知行合一」的境界。到達此境界的，便是所謂聖人。陽明說：

聖人之所以為聖，只是其心純乎天理而無人欲之雜。猶精金之所以為精，但以其成色足而無銅鉛之雜也。人到純乎天理方是聖，金到足色方是精。然聖人之才力，亦有大小，猶金之分兩有輕重。分兩雖不同，而足色則同，皆可謂之精金。以夷、尹而廁之堯、孔之間，其純乎天理同也。故雖凡人而肯為學，使此心純乎天理，猶一兩之金比之萬鎰，分兩雖懸絕，而其到足色處可以無愧，故曰「人皆可以為堯、舜」。後世不知作聖之本，卻專去知識才能上求聖人，不務去天理上著功夫，徒弊精竭力，從冊子上鑽研，名物上考索，形迹上比擬。知識愈廣而人欲愈滋，才力愈多而天理愈蔽。正如見人有萬鎰精金，不務煅鍊成色，而乃妄希分兩，錫鉛銅鐵雜然而投，分兩愈增而成色愈下，既其梢末，無復有金矣。（傳習錄上）

可見陽明的良知之學，實在可稱為是一種心體的實踐論。與其說他著重知，毋寧說他更著重行。與其說他著重心，毋寧說他更著重事。所以陽明曾說：

目無體，以萬物之色為體。耳無體，以萬物之聲為體。鼻無體，以萬物之臭為體。口無體，以萬物之味為體。心無體，以天地萬物感應之是非為體。（傳習錄下）

可見陽明之意，除卻對天地萬物之感應，將不見有心。除卻對此種感應之是非判別，將無所謂良知。所謂「致良知」，只要叫我們去事上磨練。所謂事上磨練，只要叫我們立誠。所謂立誠，只要叫我們認識此知行合一之原來本體。一切所知的便是所行的。所行的便是所知的。平常往往把知、行劃成兩截，就內心言，往往潛意識與顯意識暗藏著衝突。就人事言，往往心裏想的與外面做的並不一致。種種利害的打算，把眞性情隱晦了。這些都不是良知，都不是天理。人不須於良知外別求天理，眞誠惻怛的性情，便是天理本原。須求自心的潛意識與顯意識能融成一片，須求外面所行與內心所想也融成一片。全無障隔，全無渣滓，那便是眞誠惻怛，那便是良知，那便是天理，那便是聖人。其實這還是人類心理一種原始的自然狀態。照理，每一個人的心態，應該是完整的，在時間上應該先後一致，在空間上應該內外一致。但因人文世界的演進，愈來愈複雜，外面事變紛繁，利與害的關係複雜了，使得人人的心，都包蘊著種種的衝突和矛盾，潛藏在深處的和其暴露在浮面的不一致，內心所打算的和向外所表白的不一致。不僅人和人間有層層障隔，卽自己心裏也存在有種種之障隔。結果把原來心態，卽孟子所謂「本心」，陽明所謂「良知」喪失了。那末這以後的表現，在陽明都稱之為「人欲」。本來「天理」卽由「人欲」而生，此指原始的基本的單純的好惡而言，故陽明說「只好惡便盡了是非」。好惡卽「人欲」，是非卽「天理」。但後來則「人欲」阻礙了「天理」。人文演進，利害紛歧，人心所欲，壓積不暢遂，潛意識與顯意識衝突而分裂。道家釋氏及西方宗教家，都注意到這一層，只所提理論的解釋不同。又所提的解決辦法亦不同。陽明則只就人文立場來解釋，亦只就人文立場來提供辦法，他遂創生出他所想像的人人良知暢遂流行的一種理想社會，此卽陽明所謂「拔本塞源」之論。見於其答顧東橋書之最後一節，收入傳習錄卷中。他說：

聖人之心，以天地萬物為一體。其視天下之人，無外內遠近，凡有血氣，皆其昆弟赤子之親，莫不欲安全而教養之，以遂其萬物一體之念。此卽張橫渠西銘大義。惟陽明扣緊人心本體之自然狀態來加以發揮，卽成為「心卽理」之堅強根據。天下之人心，其始亦非有異於聖人也。特其間於有我之私，隔於物欲之蔽，大者以小，通者以塞。人各有心，至有視其父子兄弟如仇讎者。聖人有憂之，是以推其天地萬物一體之仁以教天下，使之皆有以克其私，去其蔽，以復其心體之同然。唐、虞、三代之世，教者惟以此為教，而學者惟以此為學。當是之時，人無異見，家無異習，安此者謂之聖，勉此者謂之賢，而背此者雖啟明如朱，亦謂之不肖。下至閭井田野農工商賈之賤，莫不皆有是學，而惟以成其德行為務。無有聞見之雜，記誦之煩，辭章之靡濫，功利之馳逐，而但使之孝其親，弟其長，信其朋友，以復其心體之同然。是蓋性分之所固有，而非有假於外者，則人亦孰不能之？學校之中，惟以成德為事，而才能之異，或有長於禮樂，長於政教，長於水土播植者，則就其成德而因使益精其能於學校之中。迨夫舉德而任，則使之終身居其職而不易。用之者惟知同心一德以共安天下之民，視才之稱否而不以崇卑為輕重，勞逸為美惡。效用者亦惟知同心一德以共安天下之民，苟當其能，則終身處於煩劇而不以為勞，安於卑瑣而不以為賤。當是之時，天下之人，熙熙皞皞，皆相視如一家之親。其才質之下者，則安其農工商賈之分，各勤其業以相生相養，而無有乎希高慕外之心。其才能之異若皋、夔、稷、契者，則出而各效其能，若一家之務，或營其衣食，或通其有無，或備其器用，集謀併力以求遂其仰事俯育之願。故稷勤其稼而不恥其不知教，視契之善教，卽己之善教也。夔司其樂而不恥於不明禮，視夷之通禮，卽己之通禮也。蓋其心學純明而有以全其萬物一體之仁，故其精神流貫，志氣通達，而無有乎人己之分，物我之間。譬之一人之身，目視耳聽，手持足行，以濟一身之用。目不恥其無聰，而耳之所涉，目必營焉。足不恥其無執，而手之所探，足必前焉。蓋其元氣充周，血脈條暢，是以痒疴呼吸，感觸神應，有不言而喻之妙。此聖人之學所以至易至簡，易知易從，學易能而才易成者，正以大端惟在復心體之同然，而知識技能非所與論也。

三代之衰，王道熄而霸術昌。孔孟既沒，聖學晦而邪說橫。教者不復以此為教，而學者不復以此為學。蓋至於今，功利之毒淪浹於人之心髓而習以成性也，幾千年矣。相矜以知，相軋以勢，相爭以利，相高以技能，相取以聲譽。其出而仕也，理錢穀者則欲兼夫兵刑，典禮樂者又欲與於銓軸。處郡縣則思藩臬之高，居臺諫則望宰執之要。故不能其事則不得以兼其官，不通其說則不可以要其譽。記誦之廣，適以長其敖。知識之多，適以行其惡。聞見之博，適以肆其辨。辭章之富，適以飾其偽。是以臯、夔、稷、契所不能兼之事而今之初學小生皆欲通其說，究其術。其稱名僭號，未嘗不曰吾欲以共成天下之務，而其誠心實意之所在，以為不如是則無以濟其私而滿其欲也。嗚呼！以若是之積染，以若是之心志，而又講之以若是之學術，宜其聞吾聖人之教而視之以為贅疣枘鑿。則其以良知為未足，而謂聖人之學為無所用，亦其勢有所必至矣。（傳習錄中）

陽明這一番意見，可說是先秦禮運篇以下之又一種人類理想社會之提示。而且我們可以說：若無陽明良知學作根據，也斷不能有禮運「大同世界」之出現。中國思想史裏所最缺乏者是宗教，但中國雖缺乏了一種超世的神學的宗教，卻另有一種入世的人文的宗教。儒家思想之最高發展，必然帶有此種宗教精神作淵泉。「人皆可以為堯、舜」，便是此種人文教之最高信仰，最高教義。此種人文教之天堂，卽是理想的現實社會。人若要在此種社會中生活，必先要在造成此種社會所必先期待的人人共有的某種心地中生活。（此種心地，孔子稱之為「仁」，孟子稱之為「善」，陽明稱之為「良知」。）只要某一人到達此種心地，此一人卽已先生活在此種社會中。這是此種理想社會之起點。必待人人到達此種心地與生活，始是此種社會之圓滿實現，始為此種社會之登峯造極。這是人類文化理想之最高可能。達到此種心地與生活的人，卽是不朽的人生。（此卽叔孫穆子之三不朽。）而在其個人，實也早已不在期求他私人生命之不朽了。因其對私人生命的觀念，早已融釋在大羣生命中，而失卻其單獨之存在。大羣生命之不朽，卽其私人生命之不朽。若照陽明的話來說，人類到此境界，便覺得人生古今，天地萬物，只是一良知。所以說：

人心與天地一體，故上下與天地同流。（傳習錄下）

此是中國儒家思想中之一種唯心論，此乃一種人生實踐的唯心論。與西方哲學家由純思辨中得來的唯心論不同。而此種人生實踐又必然帶有中國傳統的宗教精神，卽我所謂入世的人文教的精神。此又與西方超世的神學的宗教精神不同。我們要把握到這一精神，最簡易直捷的道路，是從陽明上透到孟子。

但陽明思想自然也不免有流弊。其最受後人攻擊批駁的，是其晚年所講的「四句教」。卽所謂天泉橋問答者是。傳習錄下卷載：（黃省曾錄。）

> 丁亥年九月，（明年七月陽明卒。）先生征思田，將行，德洪與汝中（錢緒山、王龍谿。錢、王是王門最大二弟子。）論學。汝中舉先生教言曰：「無善無惡心之體，有善有惡意之動，知善知惡是良知，為善去惡是格物。」德洪曰：「此意如何？」汝中曰：「此恐未是究竟話頭。若說心體無善與惡，意亦是無善無惡的意，知亦是無善無惡的知，物亦是無善無惡的物。若說意有善惡，畢竟心體還有善惡在。」德洪曰：「心體是天命之性，原是無善無惡的。但人有習心，意念上見有善惡在。（年譜曰：「為善去惡，正是復那本體工夫。」）若原無善惡，功夫亦不消說矣。」是夕，侍坐天泉橋，各舉請正。先生曰：「我今將行，正要你們來講破此意。二君之見，正好相資，不可各執一邊。（年譜曰：「汝中須用德洪功夫，德洪須透汝中本體。」）我這裏接人，原有此二種。利根之人，直從本原上悟入。人心本體原是明瑩無滯的。原是個未發之中。利根之人一悟本體，卽是功夫，人己內外，一齊俱透了。其次不免有習心在，本體受蔽，姑且教在意念上實落為善去惡。功夫熟後，渣滓去得盡時，本體亦明盡了。汝中之見，是我這裏接利根人的。德洪

之見，是我這裏為其次立法的。二君相取為用，則中人上下，皆可引入於道。若各執一邊，眼前便有失人。便於道體各有未盡。」既而曰：「以後與朋友講學，切不可失了我的宗旨。無善無惡是心之體，有善有惡是意之動，知善知惡是良知，為善去惡是格物。只依我這話頭隨人指點，自沒病痛。年譜曰：「二君以後，再不可更此四句宗旨。我年來立教，亦更幾番，今始立此四句。」此原是徹上徹下功夫。利根之人，世亦難遇。本體功夫一悟盡透，此顏子、明道所不敢承當，豈可輕易望人？人有習心，不教他在良知上實用為善去惡功夫，只去懸空想個本體，一切事為俱不著實，不過養成個虛寂。此病不是小小，不可不早說破。」是日德洪、汝中俱有省。

這是陽明的最後一番話。緒山、龍谿是陽明大弟子，追隨陽明最久，這番記載，又見於緒山陽明年譜，又見於龍谿集天泉證道紀，惟所載與年譜、傳習錄語氣輕重有別。這實在是陽明的晚年定論。後來人尤其如東林學派之顧憲成。極力攻擊他「無善無惡心之體」一語，其實陽明早說，只好惡就盡了是非，良知的好惡屬先天，人間的善惡屬後天，一切人生文化，最先本原，還是一大自然。除非如西方宗教般，有一上帝創世，否則此大自然，自無善惡可言。朱子、康德則要在哲學思辨上為宇宙建立一原始的至善來。然一切人間之善，必然從此大自然中孕育，亦必仍歸到此大自然而融合一致。此即中國儒家思想之所謂「天人合一」。孟子性善與陽明良知發揮此義最透切，其次則易繫辭。莊老和佛法，對此無善無惡之大自然，未免太悲觀了。而荀卿則主張以人戡天，純粹以文化力量來推翻此大自然，皆非中國思想史裏的正統。

我們讀了上引的一節記載，最容易使我們記憶起佛家禪宗祖師們的語錄來。宋明理學，本來受禪宗影響極大，陽明更富禪宗味。儒門陽明，極似佛家六祖。但六祖只歸宿到清淨涅槃，陽明則要建立起理想的人類文化之最高可能境界，這是顯然相異處。

三八 清代

融釋歸儒，是宋明儒在中國思想史上的大貢獻。但宋明思想，終是偏重個人，偏重內心，偏重於靜修的一面。陽明是宋明思想一結穴，但亦到陽明而宋明思想得一新開展。他雖講個人良知，但其精神著眼，則普及到人類之大全體。他雖講心卽理，但亦廓大及於人生一切智識才能及事業。講良知雖側重人心之同然，但亦顧及人與人之個性相異。講良知雖側重個人倫理，但亦開展到政治社會之各方面。細讀拔本塞源論可見。但陽明大體上依然還是宋明精神。到晚明諸儒起來，激於王學流弊，又受時代刺激，頗想由宋明重返到先秦。他們的思想，顯然從個人轉嚮於社會大羣，由心性研討轉嚮到政治經濟各問題。由虛轉實，由靜返動。由個人修養轉入羣道建立，這是晚明儒思想上一大轉變。東林學派是其先驅。惜乎晚明局面，糜爛腐敗，不可挽回。經歷滿洲入關之大變動，學術思想上更受急劇之刺激，更有急劇之轉嚮。一大批晚明遺老，他們成學著書，都已在清代，他們的精神意氣，實在想為此後中國學術思想界另闢一新天地。而清代的高壓政權，已使這些思想嫩芽，不能舒展長成，而全歸夭折了。此後遂完全走入古經籍之考據訓詁中作逃避現實之畸形發展，這是最可惋惜的。此下姑舉清初王船山、顏習齋，以及乾嘉盛時的戴東原、章實齋四人來述說這一代的思想。

三九　王船山

清代思想，是一種歷史的反省，是一種綜合的批評。他們對以往思想界，指摘疵病，動中窾要。但他們為時代所限，都是異軍突起。除掉古經籍之考證訓詁一途外，絕少能遞有繼承，蔚成風氣的。船山思想最為博大精深，但亦及身而絕，沒有傳人。

船山極推尊橫渠與朱子，但船山思想之精深處，在能注重到人文演進之大歷程，在能根據個人心性而推演出人文繁變。由「心學」轉到「史學」，此是由宋明重歸先秦一大節目。他反對形上為道、形下為器之傳統見解。他說：

天下惟器而已。苟有其器，豈患無道？洪荒無揖讓之道。唐、虞無弔伐之道。漢、唐無今日之道。則今日無他年之道。未有弓矢，無射道。未有車馬，無御道。未有牢醴璧幣鐘磬管絃，則無禮樂之道。未有子，無父道。未有弟，無兄道。故無其器則無其道。如舍此而求諸未有器之先，亙古今，通萬變，窮天地人物而不能為之名，況得有其實乎？（周易外傳卷五）

道家言虛，釋氏言寂，往往喜歡推衍到宇宙人生開始之前。但船山謂他們言虛寂，仍逃不掉是器之虛寂。脫離了器，連虛寂的觀念也不可得。有器則必有用，船山本此推演，來反對傳統的體用觀念。他說：

天下之用，皆其有者也。吾從其用而知其體之有，豈待疑哉？故善言道者，由用以得體。不善言道者，妄立一體而消用以從之。乘其聰明之變，施丹堊於空虛，而強命之曰體，何如求之感而遂通者，日觀化而漸得其原也。故執孫子而問其祖考，則本支不亂，過宗廟墟墓，而孫子之名氏其有能億中之者哉。（周易外傳卷二）

宇宙間一切原理，人生間一切法則，據史學、科學立場，應該從當前實有可見之現象，逐漸向前推溯，此卽船山所謂「日觀化而漸得其原」，亦卽所謂「由用以得體」。但照宗教、哲學的思維慣例，則他們總愛憑空先構成一大理論，其實則是一大幻想。而把此後種種現實變化，勉強附會牽合。不合的，則加以排拒與蔑棄。此即船山所謂「施丹堊於空虛」，「妄立一體而消用以歸之」。船山這一剖辨，是純粹思想方法上的剖辨。依照船山論點，自能引人更注意到當前的與向後的，而較少注意其開頭處與原始處。

以上道器體用之辨，可說是船山之宇宙論。以下再述說他的心性論。船山對於人性與天命的觀念，亦有其一貫而更深邃的觀察。他說：

性者，生理也，日生則日成也。天命豈但初生之頃命之？天之生物，其化不息。幼而少，少而壯，壯而老，亦非無所命。形日以養，氣日以滋，理日以成。方生而受之，一日生而一日受之。故天日命於人，人日受命於天。惟命之不窮而靡常，故性屢移而異。未成可成，已成可革。性也者，豈一受成形，不受損益哉？故君子之養性，行所無事，而非聽其自然。（尚書引義卷三）

就生物學言，人類性格之形成，後天環境與先天遺傳，同樣是決定的因素。而且推溯向前，所謂先天遺傳，多半還是從後天環境而來。若直向先天推溯，勢必要迷入虛無。所以船山說：

古之善言性者，取之有生之後，閱歷萬變之知能。（詩廣傳卷四）

可見船山論性，其視後天人事，毋寧更重於其視先天之命。若把此意來講朱子之「性卽理」，則必然別有一新境界。故知船山雖推尊朱子，實與朱子意趣有別。因此船山極不喜一種人生的消極態度。凡在哲學上懸空先立一本體，與在宗教上提出一最先原因者，其對宇宙廣大人事繁變之終極態度，必然要歸宿到消極。所謂消極者，卽是對宇宙人生一切可能之變來橫加一拘限，以求合於其所主張之本體與最先原因。佛、老皆犯此病。船山曰：

有卽事以窮理，無立理以限事。（續春秋左氏傳博議卷下）

這是思想態度上一極大分辨。他又說：

佛、老皆托損以鳴修，遂並其清明之嗜慾，彊固之氣質，概衰替之，以游惰為否塞之歸。（周易外傳卷三）

船山因反對此種消極的人生態度，遂改倡一種積極的引導的主動的人生論。他說：

為治水之術者，曰陻其所自溢，是伯鯀之術，而白圭襲之。天下固有此洚洞浩瀚之流，行之地中，中國自足以勝之。驚其無涯而陻以徼幸，不祥莫大焉。無以勝之而欲其不生，則將謂稻麥生夫饑，絲麻生夫寒，君師生夫亂，父母生夫死。亦避禍畏難之私，與禽獸均焉而已。且欲禁天下之動，亦惡從而禁之？莫如舍君子而野人，舍野人而禽魚，舍禽魚而塊土。則虛極靜篤，長年永日而冥安矣。（周易外傳卷六）

人類文化不能無病。凡驚睹人類之文化病而求回歸自然者，都不免想把天地自然來一逆轉。其實若眞歌頌自然，則人類文化卽由自然演生，文化亦卽自然之一態，如洪水般，只有善導，不能陻塞。

上述船山論「性」，此下再述船山之論「心」。此更為船山思想之精采處。他說：

心無非物也，物無非心也。此實與陽明心無體，以天地萬物感應之是非為體之說相通。船山雖力斥陽明，然其論學精神，却多相近似。凡治思想史者，必破除門戶，另窺異同。切忌只就皮相著眼。拈此以為一例。（尚書引義卷一）

執一以廢百，拒物而自立其區宇。其勤也，墨氏之胼胝。其敬也，莊氏之心齋。其恃己以忘民喦之險阻，而謂天變不足畏，人言不足恤，如王安石之亂宋。墮民依之坊表，而謂五帝不可師，三王不足法，如李斯之亡秦。其拒物而空之，別立一心以治心，如釋氏心王心所之說。歸於莽蕩。固莫如叛君父，芟須髮，以自居於意生身之界。而詫於人曰：「吾嚴淨也，故以為所

也。吾精進也，無逸以為所也。」其禍人心，賊仁義，尤酷。(尚書引義卷五)

大凡人太重視自己的心，把來和外面隔絕，自立區宇，便不免要犯船山上述的種種病痛。但船山上述，還只限於積極的宋儒所講「敬」的心態之病。此外還有一消極的宋儒所講「靜」的心態之病，船山亦揭發無遺。船山說：

心無相續之因，則固可使暫澄。自好之士，厭飫於惡而思返，矯敝於已末，分析人心之動機，嗒然喪據，因劇滅以觀其靜，則人心之下游，壅閉停洄，如隔日瘧之有間。斯其時，非無清朗虛涵之光影，如蕉空中，如水映月，迷留玩悅，因以為妙道之攸歸。終身處堂以嬉，於人心之中而信濱危之可保，是猶秦兵南向，而田建墮防，拖雷北返，而似道奏功。則共城松柏之歌，皋亭潮水之恨，終與桀、紂均亡矣。(尚書引義卷一)

這是說以靜治心之不可恃。宋儒常講「敬」與「靜」，實際是陷入老、釋舊窠臼，船山所言，可謂深中其癥結。船山繼此乃提出其積極的主張，首先是認為身、心不可分。他說：

心之神明，散寄於五藏，待感於五官。一藏失理，而心之靈已損。一官失用，而心之靈已廢。

其能孤拕一心以絀羣明而可效其靈乎？（尚書引義卷六）

其次認為心、物不可分。他說：

己有物而絕物，則內戕於己。物有己而絕己，則外賊乎物。物我交受其戕賊，而害乃極於天下。況欲絕物者，固不能充其絕。（尚書引義卷一）

心不能與身離，不能與物絕，又不能無前後之相續。他說：

前際不留，今何所起？後際不豫，今將何為？（尚書引義卷五）

莊周有喪我坐忘之談，釋氏有前後際斷，不思前不思後見父母未生前本來面目之說，這些都像是抹殺了心用來尋覓心體。其實是看不起此一切心之用，遂像存心在破壞此一心之體。宋明儒因再看重此一切心之用，遂始努力想再建立此心之體。但他們所想建立者，仍不免是一個純思維的、純理論的、純抽象的體。換言之，他們所想建立之體，仍不免是偏於理而忽了事，偏於心而忽了物，如是則仍不免要偏於體而忽了用。船山思想之大貢獻，則在直捷承認此宇宙界乃及人生界之事體與物體，而於事體上窮理，物體上識心。他之所謂體，簡言之，只是一有，只是一生。若用朱子話，則只是一氣。故說：

夫可依者有也，至常者生也。既已為人矣，非蟻之仰行，則依地住。非螾之穴壤，則依空住。非蜀山之雪蛆不求煖，則依火住。非火山之鼠不求潤，則依水住。以至依粟已饑，依漿已渴。粟依土長，漿依水成。依種而生，依器而挹。以荑種粟，粟不生。以塊取水，水不挹。楓無柳枝，粟無棗實。成功之退，以生將來。取用不爽，物物相依。不動之常，惟以動驗。既動之常，不待反推。故賤形必賤情，賤情必賤生，賤生必賤仁義，賤仁義必離生，離生必謂無為眞，而謂生為妄，而二氏之說昌矣。（周易外傳卷二）

可見天地間一切有，一切生，一切形，一切情，皆是眞實無妄，一切「用」皆依之而起。無論我們就哲學思維立場，稱此為「體」亦可，不稱為「體」亦可，而若要求其常可依待，取用不爽，則捨此莫屬。船山思想在此一點上，是最爽朗最堅決的。所以說：

天下之志亦淺矣，而求其通則深。天下之務亦大矣，而泝所成則幾。極天下之固有，攘君辞母，皆志之所必悉。極天下之大有，酒漿瓜棗，皆務之所必勤。（周易外傳卷五）

船山思想之主要集中點，還是此宇宙界人生界一切固有、大有之「有」。我們的智識才能，應該就此「有」上開展向前，所以船山的人生態度是主縱不主遏。他說：

不肖者縱其血氣以用物，非能縱也，遏之而已矣。縱其目於一色，而天下之羣色隱。縱其耳於一聲，而天下之羣聲閟。縱其心於一求，而天下之羣求塞。無遏之者，無所不達矣。故曰形色，天性也。形其形，而無形者宣。色其色，而無色者顯。縱其所堪，而晝夜之通，鬼神之撰，善惡之幾，吉凶之故，不慮而知，不勞而格，無遏焉而已。（詩廣傳卷四）

「縱其所堪，無遏焉而已」，此是船山對人生界之基本主張。若果我們對宇宙，對人生，都能縱其所堪而無遏，則此大自然中早已醞釀出人生，在此人生中也早已發展出文化，人生大道，自該就此文化歷程日益向前。因此船山極反對莊老歸眞返樸之自然觀。他說：

樸之為說，始於老氏，後世習為美談。樸者，木之已伐而未裁者也。已伐則生理已絕，未裁則不成於用。終乎樸則終乎無用矣。養其生理自然之文，而修飾之以成乎用者，禮也。（俟解）

「養其自然修飾之以成用」，這可謂是船山對人文演進之基本態度。

清代思想，大體上都有由宋明返先秦之大趨嚮。只有船山理論，更圓宏，更深透。惜乎船山思想及身而絕，後無傳人，直要到晚清，他的著作纔始流布。

四〇 顏習齋

船山思想，就外貌論，是反陽明，尊橫渠、朱子的。顏習齋纔始正式反對程朱，反對宋儒。他說：

> 必破一分程朱，始入一分孔孟。孔孟、程朱，判然兩途（年譜五十八歲）

他又說：

> 請畫二堂，一堂上坐孔子，劍佩、觿、決、雜玉，革帶、深衣，七十子侍。或習禮，或鼓琴瑟，或羽籥舞文，干戚舞武。或問仁孝，或商兵農政事。壁間置弓矢鉞戚，簫磬算器馬策，及

禮衣冠之屬。一堂上坐程子，峨冠博帶，垂目坐如泥塐。如游、楊、朱、陸者侍，或返觀靜坐，或執書伊吾，或對談靜敬，或搦筆著述。壁上置書籍字卷，翰研梨棗。此二堂同否。（年譜四十五歲）

又曰：

訓詁、清談、禪宗、鄉愿，有一皆足以惑世誣民。宋人兼之，烏得不晦聖道，誤蒼生？（習齋記餘卷三寄桐鄉錢生曉城）

習齋謂宋儒大誤，在教人靜坐與讀書。

天下兀坐書齋人，無一不脆弱，為武士農夫所笑，此豈男子態？（存學編卷三）

他說：

書之病天下久矣。使生民被讀書者之禍，讀書者自受其禍，此局非得大聖賢大豪傑不能破。（言

行錄卷上）

千餘年來，率天下入故紙堆中，耗盡身心氣力，作弱人，病人，無用人，皆晦庵為之。又曰：「朱子論為學，只是論讀書。」（朱子語類評）

率古今之文字，食天下之神智。（四書正誤卷四）

讀書愈多愈惑，審事機愈無識，辨經濟愈無力。（朱子語類評）

聖賢之言可以引路。今乃不走路，只效聖賢言。每代引路之言增而愈多，卒之蕩蕩周道，鮮見其人。（存學編卷三）

空言相續，紙上加紙。（習齋記餘卷一大學辨業序）

又說：

人心如水，但一澄定，不濁以泥沙，不激以風石，雖渠溝盆盂之水，能照百態。今使竦起靜坐，不擾以事為，不雜以旁念，敏者數十日，鈍者三五年，皆能洞照萬象。然天地間豈有不流動之水？豈有不著地不見泥沙不見風石之水？一動一著，仍是一物不照。（存人編卷一）蓋鏡中花，水中月，去鏡水，則花月無有也。卽使其靜功綿延，一生不息，其光景愈妙，虛幻愈深，正如人終日不離鏡水，玩弄其花月一生，徒自欺一生而已。（存學編卷二）

故空靜之理，愈談愈惑。空靜之功，愈妙愈妄。（存人編卷一）

為主靜空談之學久，必至厭事廢事，遇事卽茫然。故誤人才，敗天下事者，宋人之學也。（年譜）

又曰：

專向靜坐收攝徐行緩語處言主敬，乃是以吾儒虛字面，做釋氏實工夫。（存學編卷四）

然則習齋之所謂學者究是何事？他自己說：

外六府三事而別有學術，便是異端。外三物而別有學術，便是外道。（言行錄卷下）

「六府」謂金、木、水、火、土、穀，「三事」謂正德、利用、厚生，「三物」為六德、六行、六藝。「六德」謂知、仁、聖、義、忠、和，「六行」謂孝、友、睦、婣、任、卹「六藝」謂禮、樂、射、御、書、數。「六府三事」見左傳，文公七年，又見偽古文尚書大禹謨。「三物」見周官。習齋是要根據古經典遺訓來推翻宋儒。他又說：

如天不廢予，將以七字富天下：墾荒，均田，興水利。以六字強天下：人皆兵，官皆將。以九字安天下：舉人才，正大經，興禮樂。（年譜五十五歲）

這是習齋根據他所受晚明亡國慘禍之親身經驗而發出的呼聲。習齋思想之中心觀點是一個「習」字。他說：

心中惺覺，口中講說，紙上敷衍，不由身習，皆無用。（存學編）

「習」便是做事。他说：

學須一件做成，便有用，便是聖賢一流。試觀虞廷五臣，只各專一事，終身不改，便是聖。孔門諸賢，各專一事，不必多長，便是賢。漢室三傑，各專一事，未嘗兼攝，亦便是豪傑。習齋此意見，應與陽明拔本塞源論同看。（言行錄卷下）

「習」便是行動。他說：

人心，動物也。習其事，則有所寄而不妄動。釋氏寂室靜坐，絕事離羣以求治心，不惟理有所不可，勢亦有所不能，故數珠以寄念。（言行錄卷上）

又曰：

三王、周、孔，皆教天下以動之聖人也，皆以動造成世道之聖人也。漢、唐襲其動之一二以造其世。晉、宋之苟安，佛之空，老之無，周、程、朱、邵之靜坐，徒事口筆，總之皆不動也。而人才盡，聖道亡矣。（言行錄卷下）

要往重學與習與動，便脫離不了外面的物，此即宋儒之所謂「氣」。他說：

若謂氣惡則理亦惡，若謂理善則氣亦善。譬之目，眶皰睛，氣質也。其中光明能見物者，性也。將謂光明之理專視正色，眶皰睛乃視邪色乎？（存性編卷一）

程、朱惟見性善不真，反以氣質為有惡，而求變化之，是戕賊人以為仁義，遠人以為道矣。（存性編卷二）

孔、孟而前責之習，使人去其所本無。程、朱以後責之氣，使人憎其所本有。（存性編卷一）

要注重學與習與動，也就脫離不了各人的身以及整個人生之大集團，以及其環境，此即所謂「世」。故習齋說：

求道者，盡性而已。盡性者，實徵之吾身而已。徵身者，動與萬物共見而已。吾身之百體，吾性之作用也。一體不靈，則一用不具。天下萬物，吾性之措施也。一物不稱其情，則措施有累。合內外，成人己，通身世，打成一片，一弁做工。（存性编）

而習齋所理想中的學與習與動之最高範疇，則是儒家之「禮樂」。他說：

聖人畫衣冠，飭簠簋，制宮室，第宗廟，辨車旗，別飲食，或假諸形象羽毛以制禮，範民性於升降、周旋、跪拜、次敍、肅讓。又鎔金琢石，竅竹糾絲，刮匏陶土，張革擊木，文羽籥，武干戚，節聲律，撰詩歌，選伶佾以作樂，調人氣於歌韻舞儀。暢其積鬱，舒其筋骨，和其血脈，化其乖暴，緩其急躁，而聖人致其中和以盡其性踐其形者在此，致家國天地之中和以為位育，使生民天地皆盡其性踐其形者亦在此。（習齋記餘卷四與何茂才千里書）

習齋的著眼點，一面好像全在事物上，在身世上，在功利上。但其另一面，則全在心性上，在道上。而其雙方綰合之點，則全在禮樂上。他的理想境界，是以事物功利為本位，以人生為中心，而以性道為最高標準的一個凝合體。習齋之學，一傳為李恕谷，惜乎也更無嗣響。河北顏、李，一樣如湘中船山之學般，響絕音沉了。

四一 戴東原

晚明諸儒，思想上的貢獻，可記述者還多，然大體都是從宋明儒一轉手，一面雖亦建基於個人的心性修養，另一面都想擴大到身世事功的積極表現。漢、唐儒是沿襲了先秦的事功理想，而漸漸忽略了先秦的心性認識。因此在心性修養方面，消極的便走入莊、老，積極的便皈依釋氏。禪宗始想再從釋家出世精神轉身重歸塵俗。宋明儒則再從禪宗進一步，來講修、齊、治、平。但他們思想的側重點，則仍在個人心性上。晚明儒，始正式要從個人心性轉移到身世事功。船山、習齋可作代表。然那時早已在滿洲部族政權高壓之下，此派思潮無法暢流，以下便轉入博古考據的道路。到乾、嘉時代，算戴東原還能在思想上重申前緒。東原思想，還是與王、顏相似，這是清代思想界一大趨嚮，無人可以自外。東原思想備見於其所著原善、緒言、孟子字義疏證之三書。

東原亦如習齋般力闢程朱，他說：

有天地然後有人物，有人物而辨其資始曰性。人與物同有欲。欲者，性之事。人與物同有覺。覺者，性之能。欲不失之私，則仁。覺不失之蔽，則智。仁且智，非有所加於事能也，性之德也。（原善卷上）

從前程朱說「性卽理」，把人性與人欲隔絕了，「性」成為全善的，然亦只是想像的。東原說「欲者性之事」。性只是一些欲與傾嚮。因有欲，始纔有覺。覺是求達所欲的一種能。要其欲而公，覺而明，始是仁且智，始是善。則性不是全善的，但善卻由性中生。此說較近先秦古誼。

性是自然的，但人之智能，則該在自然中推尋出一常然來。常然仍在自然之中，仍是一自然，並非於自然之外另有所添，因此到達常然，還是一本然。東原說：

言乎自然之謂順，言乎必然之謂常，言乎本然之謂德。天下之道盡於順，天下之教一於常，天下之性同於德。（原善卷上）

不順自然，不能成為道。不達必然，不能成為教。自然可以萬異，但必然則歸一同。一同之謂德，但此德本已在自然中，故稱本然。欲與覺之私與蔽，可以萬異，但終必到達仁與智之境界。仁與智從自然中演出而非違於自然，故說是性之德。

東原既以欲釋性，自然要說到「情」。他說：

既有欲矣，於是乎有情。既有欲有情矣，於是乎有巧與智。生養之道存乎欲，感通之道存乎情。二者自然之符，天下之事舉矣。盡美惡之極致存乎巧，宰御之權由斯而出。盡是非之極致存乎智，賢聖之德由斯而備。二者亦自然之符，精之以底於必然，天下之能舉矣。（原善卷上）

天地間一切人事，本原在情與欲，期望在各自之生養與相互間之感通。但求其到達一美的是的境界，則需人之智與巧。智與巧是能，但仍在自然中，只從自然中推籀出一個必然來。

歸於必然，適全其自然，此之謂自然之極致。（原善卷上）

能達此種自然之極致者只有人，因人有知，物無知。

物不足以知天地之中正，是故無節於內，各遂其自然，斯已矣。人有天德之知，能踐乎中正，其自然則協天地之順，其必然則協天地之常。莫非自然也，物之自然不足語於此。（原善卷中）

我們應該分自然為兩種：一是物理的自然，一是人文的自然。我們也可說，人是自然之極致，聖人則是人之極致，善是性之極致。人類不能全達到此自然之極致，此乃人之未盡其才。東原說：

人之不盡其才，患二：曰私，曰蔽。去私莫如強恕，解蔽莫如學。（原善卷下）

以上是東原原善書中的大旨。東原思想之更大貢獻，在其對「理」字之分析。他說：

理非他，蓋其必然也。期其無憾無失之為必然，乃要其後，非原其先。乃就一物而語其不可譏議，奈何以虛語夫不可譏議，指為一物，與氣渾淪，而成主宰樞紐其中也。（緒言卷上）

理只指自然演進中之一種必然的條理。並非在自然演進之前，先有一必然存在。亦非另有一必然，處在自然中，而作為自然之主宰與樞紐。故曰：

就天地人物事為，求其不易之則是為理（緒言卷上）

則理不在事外，亦不在事前，亦非別有一物在事之中。故曰：

> 必然之與自然，非二事也。就其自然，明之盡，而無幾微之失焉，是其必然也。如是而後無憾，如是而後安，是乃聖賢之所謂自然也。（此卽自然之極致。自然有動進之一面。）彼任其自然而失者無論矣，（禽獸草木，皆任其自然，無動進。）貴其自然，靜以保之，而視問學為用心於外。及其動應，如其才質所到，亦有自然不失處。不過才質之美，偶中一二。若統其所行，差謬多矣。且一以自然為宗而廢問學，其心之知覺有所止，不復日益，差謬之多，不求不思，終其身而自尊大，是以聖賢惡其害道也。（朱子之格物窮理卽在此。陸王主心卽理之流弊亦在此。）（緒言卷上）

大抵一說到自然，人便追溯到已往去，認為自然狀態在先，不在後。此因不知有自然之演進，並不知有人文的自然，不知有自然之極致。莊、老、清談、禪宗，卽宋學家中或多或少，都犯此病。他們總想在避免一切人力和智巧的情況下來窺探人生自然之本來狀態。他們不知由人文境界言，自然也有差謬。必求自然之極致，始可無差謬。而此自然之極致，也決非違逆自然。

東原又謂：

古人多言命，後人多言理，異名而同實。命者非他，就性之自然，察之精，明之盡，歸於必然，為一定之限制，是乃自然之極則。若任其自然而流於失，轉喪其自然，而非自然也。故歸於必然，適完其自然。（緒言卷上）

理只是指的自然中許多條理。到達此條理，不可踰越，此卽自然之限制，故古人稱之為「命」。但有看似限制而並非限制，看似不可踰越而仍可踰越者，若遽在此處看似止步，此是窮理未盡，此依然是一種不知命。仍未到達自然之極限，此卽於性有未盡。未盡其性，亦卽是不知天，不知命。要盡性，便該對自然「察之精，明之盡」，此是盡心。故孟子說「盡心可以知性，盡性可以知天」。只孟子僅從情之推擴處說，而此種推擴，則有賴人之智慧對外面自然之眞瞭解。故東原說：

躬行而知未盡，曰仁曰誠，未易幾也。此乃程朱勝陸王處。（緒言卷中）

故理義非他，所照所察者之當否也。何以得其當否，心之神明也。（緒言卷中）

東原根據此基本觀點來衡量各派思想之異同得失。他說：

孔、孟之異於老聃、莊周、告子、釋氏者，見乎天地人物事為有不易之則之為必然，而博文約禮以漸致其功。荀子見於禮義為必然，見於不可徒任自然，而不知禮義即自然之極則。宋儒亦見於理為必然，而以理為太極，為生陽生陰之本，蓋以必然非自然之極則，一似理亦同乎老聃、莊周、告子、釋氏之所指。老聃、莊周、告子、釋氏，以自然為宗去其情欲之能害是者，即以為已足。周子（濂溪）論學聖人，主於無欲。王文成（陽明）論致知，主於良知之體。皆以老、釋廢學之意論學，害之大者也。（濂溪志伊尹之所志，學顏子之所學，實無此病。陽明之拔本塞源論，亦可無此病。惟陸王末流，實有廢學之意。）（緒言卷下）

以上是東原緒言書中的大義。直到東原第三部著作孟子字義疏證，始對「理」字再提出一新見解。他說：

理也者，情之不爽失也。未有情不得而理得者也。天理云者，言乎自然之分理也。自然之分理，以我之情絜人之情而無不得其平是也。（孟子字義疏證卷上）

自然既可有物理的與人文的之別，則自然之理亦可有物理與情理之別。人生即是一自然，而人生一切主要動機，皆屬於人之性情與欲望。則研窮自然之理，如何能蔑棄人之情欲於不顧。宋儒把天理、人欲過分嚴格劃分，終是一大偏陷。東原始正式對此大肆抨擊。他說：

> 理者存乎欲者也。（孟子字義疏證卷上）
>
> 凡事為皆有於欲，無欲則無為矣。有欲而後有為，有為而歸於至當之謂理。無欲無為，又焉有理。（孟子字義疏證卷下）

就物理的自然言，無器則無道，無氣則理無處掛搭。就人文自然言，則無欲卽亦無理。但深一層言之，東原亦把理的範圍看狹窄了，其病亦從陸王來。但陸王言「心卽理」，東原卻說「欲卽理」，流弊會更大。東原又說：

> 通天下之情，遂天下之欲，權之而分理不爽是謂理。（孟子字義疏證卷下）

東原之意，情欲是一切人文眞理之本原。若人無情欲，則根本將無人文之理。（一切只賸「物理」而止。）但在人羣中分別理、欲，亦是人文眞理。東原之言，終不免於偏激。東原又本此而力辨古今言理之大別。他說：

> 古之言理也，就人之情欲求之，使之無疵之為理。今之言理也，離人之情欲求之，使之忍而不

顧之為理。（孟子字義疏證卷下）

苟舍情求理，其所謂理，無非意見也。未有任其意見而不禍斯民者。（孟子字義疏證卷上）

求物理可以舍情求之，求人事之理，絕不該舍情而求之。然情與欲亦究當有辨。東原又曰：

理欲之辨，謂不出於理則出於欲，不出於欲則出於理。其言理也，如有物焉，得於天而具於心，於是未有不以意見為理之君子。理欲之辨，適成忍而殘殺之具。（孟子字義疏證卷下）視人之飢寒號呼，男女哀怨，以至垂死冀生，無非人欲。空指一絕情欲之感者為天理之本然，存之於心。及其應事，幸而偶中，非曲體事情，求如此以安之也。不幸而事情未明，執其意見，方自信天理非人欲，而小之一人受其禍，大之天下國家受其禍。徒以不出於欲，遂莫之或寤也。（孟子字義疏證卷下）

故今之治人者，視古賢聖體民之情，遂民之欲，多出於鄙細隱曲，不措諸意。而及其責以理也，不難舉曠世之高節，著於義而罪之。下之人不能以天下之同情，天下所同欲，達之於上，上以理責其下，而在下之罪，人人不勝指數。人死於法，猶有憐之者。死於理，其誰憐之！嗚呼！雜乎老、釋之言以為言，其禍甚於申、韓如是。（孟子字義疏證卷上）

東原此番議論，可謂沉痛已極。人類思想界，往往喜歡憑空就其個人聰明思辨之所至，來孤立一理，回頭再把此理繩限一切實際之事象。不悟彼之所謂理者，不過其一人之意見。此種意見，若僅在其門人弟子間講授，社會私家傳述，為禍尚淺。若一時蔚成風氣，並為在上之政治勢力所援用，則為禍之烈，不可想像。此種例證，就西方思想史言，尤為顯著。宇宙由一至善之上帝創造，此一信仰，據近代人類智識平心估量，依然只能說是一種意見，但西方歷史上因宗教信仰之不容忍而殺人流血的慘烈，是何等地可怕呀！近代所謂天賦人權說，顯然由宗教信仰作根柢。謂國家政權由社會公約所轉付，此何嘗有歷史的客觀證明？顯然仍不過是一種意見，然而法蘭西大革命因此激起。法國乃及歐洲，為此流了幾多血，殺了幾多人，其數量之鉅，還不可駭麼？黑格爾的歷史哲學，雅利安血統的先天優異，人類歷史文化之命定的前程，何嘗不是一種意見呢？然而激動了近代德意志民族之狂妄幻想，由威廉直到希特勒，殺人流血，較之法國大革命，數量之鉅，更又遠過。馬克思的歷史哲學，是只沿襲黑格爾的歷史哲學之形式而略加變更，遂有他的唯物辨證法與階級鬪爭論。直到列寧、史太林掀起俄國革命，繼續領導世界革命，為此殺人流血，其數量之鉅，又超過了法、德兩國之所演，而至今仍未見其所屆。在他們說是指導世界人類歷史文化演進的唯一眞理，其實還不是一個意見嗎？古希臘哲人柏拉圖的理想國，幸而僅是一私人理想，若果演成事實，豈不也要殺許多人，流許多血？可見戴東原所謂「自信天理」而其流變為「意見殺人」，在西方思想界覓例證，是最為深切著明的。只有中國思想，其一向的道路與西方不同。尤其是儒家思想，總喜歡體民之情、遂民之欲，只就眼前可見的人情、人欲，抱一種深透博大的同情敏感，（此即孔子之所謂「仁」。）來切近立說，（此所謂「道不遠人」。）平易教人。（此所謂「以人治人，其則不遠」。）因此若把西方思想界的格套來看中國，容易感到中國思想界，既沒有西方人的那種宗教熱忱，又沒有西方哲學家般的那種深微的思辨，又沒有西方科學家般的那種嚴刻的證成。總像沒有一種超越現實的高遠想像，又沒有各是其是的獨特創見。所有只像是平庸、淺近、軟弱與雷同。不知這些正是中國思想在世界人類思想中最超越、最獨特、最靈動的智慧，與最細密的觀察之具體的表現。中國所以能摶成如此廣大的民族，緜歷如此久長的歷史，卓然創成了現世界人類中最有價值的一種和平文化之種種成績，應該從其思想史上來體認。佛教入中國，纔始在中國思想史裏放了一異彩，然佛教思想，大體說來，實是近於西方性的，非中國性的。說理甚玄，而中間羼進了許多不近人情處。換言之，是哲學、宗教味重，人情常識味淺。較之孔孟說理之淺易平庸，遠不相類。然試問涅槃究竟到底是人生的眞理呢？還是像戴東原所說的依然是一種意見呢？若還不脫是一種意見，則何如孔孟般，老老實實以人人的意見作為意見之更近人生眞理呢？我們最可注意的，禪宗之把佛學思想中國化，這應該是一種宗教革命，然在中國，不殺人，不流血，和平完成了，這豈不是人類歷史一大異迹？宋儒思想，亦不免還帶許多佛學成分。朱子之所謂理，（朱子只說到「理先於氣」。）是最富西方般的哲學氣味的，遂引起戴東原深刻的駁難。其實朱子思想，並未闖出如上述西方般的「意見殺人」之大禍。只因滿洲政權對當時思想界之高壓，文字慘獄，焚書酷案，不斷興起。尤其如呂留良、曾靜案，雍正頒發大義覺迷錄於天下學宮，要中國讀書人人人閱讀。東原有感於此，遂有他孟子字義疏證的大聲疾呼。而且戴東原之反朱子，亦是反清廷之推尊朱學，奉以為科舉考試的標準。若使東原復生於今日，他應該有更沉痛、更可發人深省的呼籲的。可惜東原在當時，是一位最受人崇敬的考據學家，那時經學考據學風正如日方中，而東原言義理三書，（即上述原善、緒言、與孟子字義疏證。）較經學大傳統所言，究是太過偏激了，因此並未為其同時及後學所看重。東原在思想史上，也是及身而止，並無傳人。

四二　章實齋

上述清代思想的三個代表人，王船山、顏習齋、戴東原，他們都有一共同傾向，即由宋明返先秦，因此連帶有一共同態度，即推重古經典。東原同時有章實齋，卻對此態度持異議，他自承是陽明良知學傳統，主張以史學精神來替代經學。他說：

> 道之大原出於天，（此處天即指自然。）天地生人，斯有道矣，而未形也。（此處之道，則專指人文本位者而言。）三人居室而道形，猶未著也。（「三人居室」即是社會之雛型。）人有什伍而至百千，一室所不能容，部別班分而道著。仁義忠孝之名，刑政禮樂之制，皆其不得已而後起者。故道者，非聖人智力之所能為，皆其事勢自然，漸形漸

著，不得已而出之，故曰天也。（文史通義原道上）

道有自然，聖人有不得不然。道無所為而自然，聖人有所見而不得不然也。衆人無所見，則不知其然而然。不知其然而然，卽道也。聖人求道，卽衆人之不知其然而然，聖人所藉以見道也。學於聖人，斯為賢人。學於賢人，斯為君子。學於衆人，斯為聖人。（文史通義原道上）

故自古聖人，其聖雖同，而其所以為聖不必盡同，時會使然也。（文史通義原道上）

實齋此處指出道原於人類社會之不得不然，而聖人求道，乃卽學於衆人，而知得此不得不然者。時代變，社會變，則此不得不然之道亦隨而變。故曰：

事變之出於後者，六經不能言，固貴約六經之旨，而隨時撰述以究大道。（文史通義原道下）

彼舍天下事物人倫日用，而守六籍以言道，則固不可與言道矣。（文史通義原道中）

言道然，言理亦然。故曰：

事有實據，而理無定形。（文史通義經解中）

古人未嘗離事而言理。（文史通義易教上）

天人性命之學，不可以空言講。故善言天人性命，未有不切於人事者。三代學術，知有史而不知有經，切人事也。近儒談經，似於人事之外，別有所謂義理矣。（文史通義浙東學術）舍今而求古，舍人事而言性天，吾不得而知之。（文史通義浙東學術）

經學求之聖人，求之古，史學求之人事，求之今。此亦思想態度上一大爭辨。實齋說：

學者昧於知時，動矜博古，譬如考西陵之蠶桑，講神農之樹藝，以謂可禦饑寒而不須衣食也。（文史通義史釋）

故實齋謂：

古人以學著於書，後世卽書以為學。（文史通義與林秀才）古今以來，合之為文質損益，分之為學業事功文章性命。當其始也，但有見於當然，而為其所不得不為，渾然無定名也。其分條別類，而名文名質，名為學業事功文章性命而不可合併者，皆因偏救弊，有所舉而詔示於人，不得已而強為之名，定趨向爾。後人不察其故，徇於其名，以謂是可以自命其流品，而紛紛有入主出奴之勢焉。漢學宋學之交譏，訓詁辭章之互詆，德性

學問之紛爭，是皆知其然而不知其所以然也。（文史通義天喻）

若從本原處看，則一切學術思想，皆為救世，皆是道之一偏，皆可相通。若不從本原處看，則同是學聖人，同是治經典，仍可有漢、宋門戶，有「道問學」與「尊德性」之辨。故實齋說：

為所當然，而又知其所以然者，皆道也。學術無有大小，皆期於道。學術當然，皆下學之器也。中有所以然者，皆上達之道也。器拘於迹而不能相通，惟道無所不通。（與朱滄湄中翰論學書）

但實齋當時，正是博古尊經，乾、嘉考據學極盛的時代。東原之受推崇，也在其考據，不在其思想。實齋把史學替代經學的意見，更不能為時代所接受。實齋史學，也只可說及身而止，依然沒有傳人。故清代縱出了幾個思想家，但始終形不成風氣，創闢不出一條路線。這是政治壓力使然。許他們大家走的一條路，只是古經典之考據與訓詁。中國史上思想的長時期沉鬱，除卻元代，再沒有與清相比的了。

四三　現代思想

清代從道、咸以後，滿洲政權開始崩潰，思想界又漸萌生機。但那時已是西力東漸，鴉片戰爭之後，繼以太平天國，中國陷入一長時期的外來壓迫與內在騷動。直到今天，已逾一百年，思想上卻依然沒有一新生。在這長時期中，思想新生之遲未到來，也有幾個理由。

在思想史上，某一時期的思想到達了高潮，其後必然要繼續一段時期的停滯與醞釀，而轉變，然後接著是第二個新思想時代之來臨。中國思想史上，輪得上最高潮的共有三期。最先是先秦諸子，兩漢則在停滯醞釀轉變中。第二是佛學傳入，直到隋唐始達最高潮。晚唐、五代、北宋前期，又在停滯醞釀轉變中。宋、明理學可算第三高潮，晚明諸遺老，正如先秦末期之荀卿、老子、韓非，以及易繫、中庸、大學、禮運一輩作者，又如佛學之有禪宗、華嚴，指示出這一高潮之盛極而衰。清代又是一停滯醞釀轉變期。就以往過程論，此一時期亦不得謂甚長。

西方思想之傳入，應該與近代中國思想之新生一大刺激，但與佛學傳入有甚大之不同。佛學是純宗教的，專偏出世，不牽涉政治社會一切現實問題。因此南北朝、隋、唐，一面是佛學思想廣泛流播，一面在政治社會一切現實措施上，卻大體因襲兩漢舊規模，不致有根本上的飜動。近代西方思想，其關於宗教教理者，在中國始終未發生深沉之影響。而其關涉政治社會現實人生之種種理論與措施，則更為近代中國人所注意。惟此種種理論與措施之底裏，或說源頭處，則另有一更深遠更內在的歷史文化之整體精神作背景。在我們沒有把握到西方此一歷史文化之整體精神而眞切瞭解之以前，專從其浮顯在外層，或流漫到末梢處的種種現實問題上來作枝節之認識與模倣，則往往知其一不知其二，見其貌未見其心，而匆遽硬揷進中國思想之原有體系中來，更易引生波折，增添混亂。此其一。

佛教傳入，因當時交通艱難，經典傳播與繙譯不易，其流入之速度極遲緩。因此轉使此方得以慢慢咀嚼，逐步消化。近代西學東來，如洪流洶湧而至。性質既複雜，容量又廣大，而流速又猛。遂使中國思想界產生一種生吞活剝，貪食不化之病象。此其二。

佛教之來，大體是彼來而此受。當時中國高僧們在國內，多已先有一番教育根柢，文化修養。自己先有一作底的準備，再求兼通，故雙方異同有比較，有會通。近代吸收西化，大體是我往而彼教。出國留學的，多屬青年，對本國傳統歷史文化，未有眞實基礎。學成歸國，轉成知彼而不知己，易於引起新舊衝突。把西方立場來回看中國，固不易得中國自己之眞相。而把對東方一無瞭解的人驟進西方，等於赤手入鬧市，沒有資貨，無從審細挑選鑒別，亦只有隨手撿拾一些零碎不相干的新奇東西而止。此其三

以前中、印交通，是純思想的，純理論的，又帶一種宗教情緒。因此當時中國高僧們，都帶一種

個人犧牲的求眞精神。近代中西交通，夾雜進商業與軍事。彼方是一種帝國主義之殖民侵略，此方是力求富強，救危圖存。最先動機，本不在文化與眞理上，種種流弊，由此漫衍。此其四。

晚漢之季，中國思想界，由儒轉道，走向消極。佛學在此時傳入，更易投契。而且正為其態度是消極的，大家都想從實際人生圈子裏抽身退出，來尋求另一種的眞理。這一態度，在消極方面，可以解消當時實際人生中的許多糾結與矛盾。在積極方面，卻給與當時人精神上另一種的興奮與寄託。如是則消極又轉成積極。晚清道、咸以下，滿洲的高壓政權開始崩潰，中國思想界開始想從古經典的研究中轉向積極，重新注意到實際人生政治社會的各方面。而此時西方思想亦開始傳入，似乎亦易相投契。但消極出世，只具一態度即够，積極入世，應該在智識上、理想上有更多準備。而道、咸以下的思想界，在此準備上實嫌不充分。根本自己沒有一堅明確定的立腳點，急劇感受到西方那番精力瀰滿、橫厲無前的積極領導，遂如盲人瞎馬，乾柴烈火。實幹的意向超過了研尋，破壞的情緒超過了建設。事實上發生了種種阻礙與衝突，反而由此激起思想上的悲觀，而轉向極端與過激。於是正面向外的接受反少，反面向內的攻擊轉多。這一百年來的思想界，並不曾在外面引進了許多新的，卻永遠在內部不斷破壞了一切舊的。此其五。

佛教教理，亦有種種派別，種種轉變，但其派別中之共同點，較易認取。其轉變過程，亦不甚急劇。近代西方文化，本身在五花八門，派別紛歧中，突飛猛進，急劇變動。尤其最近五十年，形成一大分裂，大震盪。急切不易把捉其中心精神與鮮明蘄嚮。中國人在絕無主觀態度下一意追隨，更易出主入奴，望塵莫及。此其六。

吸收外面另一傳統的新文化來改造自己，本不是容易事。由於上述種種因緣，更使近百年來中國此一工作，更見艱難。而且中國已往思想界，對人文眞理之探索，實有其甚深圓之見解。無怪近代中國人初與西方接觸，還只肯承認他們的船堅礮利，國富兵強。當時的普通意見，都主張「中學為體，西學為用」。此二語由梁啟超、張之洞提出。可惜當時，實在也並不知中學之體是什麼的一個體。自己認識不足，在空洞無把柄的心理狀態中，如何運用得別人家的文化成績？到底逐步陷入，由造船造砲轉到變法維新，又轉到一連串的破壞與革命。最先是政治革命，繼之是文化革命，又繼之是社會革命。模倣別人不見效，總認是自己本身作梗，不斷把自己斲喪。斲喪愈深，模倣更低能。最近共產主義在中國之氾濫橫決，不能不說是由中國近五十年思想界之共業所促成。

嚴格言之，近五十年來，中國亦並無所謂思想界。只有孫中山一人，他終身從事革命的實際工作，固不該專以思想家目之。但中山先生實有他獨特一套的思想，他不僅堪當這一百年來近代中國惟一的一個思想家，而且無疑地他仍將是此後中國思想新生首先第一個領導人。我們此下將只舉中山先生一人，來代表這一時期之中國思想。

四四　孫中山①

本篇之著重點，第一在指出中山思想確實在中國思想史之一貫統系裏，有其承先啟後的很重要、很高卓的地位。這一層須讀者從頭讀了這一本中國思想史之全書後，始能眞實瞭悟。本篇並非一單獨的論文，而僅是全書中之一節目，因此有許多涵義，都像是引而未發。第二在指出中山思想確實在近五十年的中國思想界，有其獨特的創闢與啟示。這一層其實與前一層相連帶。近五十年來中國思想界之大毛病，一面是專知剽竊與稗販西洋的，而配合不上中國之國情與傳統；一面是抱殘守缺，一鱗片爪地攈摭一些中國舊材料、舊智識，而配合不上世界新潮流與中國之新環境。因此，此雙方面同樣够不上有領導中國走向新生之時代要求的一番大任務。中山思想實在能有貫通中西、融會古今之大氣魄、大眼光。本篇只提綱挈領地求能摘舉出此一思想體系中之上述的兩個要點來。雖則本篇所摘舉的

① 編者按：本書初版前，作者曾將本篇以中山思想之新綜析為題，發表於一九五一年九月十六日自由中國第五卷第六期。該文有前言一段申明作意，今據之增入為本篇之第一段。

都是人人盡知的，然而實在則並未深知。讀者若果細心玩誦我此篇中所摘舉的中山先生的幾許話，來和這五十年內在中國思想界、言論界所習常流行的一般見解作一對比，便知中山思想實在未能在近代中國發揮出更眞切而更偉大的影響。若讀者懷疑我此篇所舉未盡恰當於中山思想之眞意義，則請讀者們再回頭細讀中山原集，再自作思量，且看中山思想是否有其更綜合、更扼要的立場和體系，確為作者此篇所未經顧及。否則若認作者此篇所舉，確是中山思想之比較近眞的敍述，則請讀者們就此更作較深的研尋，究竟中山先生所對中國之崇揚，對西方之批評，是否靠得住？是否有其眞知灼見？縱使讀者認為中山先生之所崇揚與其所批評有未到十分處，然我要試問讀者們，中國是否有值得崇揚處？西方是否沒有經得批評處？中國將來思想之新生，是否要瞭解自己，要瞭解別人，要在此兩種瞭解下調和折衷，自闢新路？若我們眞能瞭解自己，則自己方面必然有值得崇揚處。若我們眞能瞭解別人，則別人方面必然有可以批評處。我們且不論中山思想之具體內容，即就這一個態度上論，他已可作為近五十年來中國唯一偉大的思想家。惜乎中山先生也僅止是中國近五十年來一偉大的思想家，而並未眞實成為近五十年來中國思想界之一偉大領導者。近代中國，實在並未深切瞭解中山思想之眞精神與眞意義，因此也說不上信仰，而且也並未追隨中山思想之態度與路向，依然在盲目地崇揚西方，盲目地鄙棄自己。依然在人云亦云，不切痛癢地自作聰明；依然並未能眞切認識到知之難與行之易。換言之，是並未能眞切認識到中山先生所指「先知先覺」、「後知後覺」、「不知不覺」之三種人之如何深切地配合而求發生出一種大力量。中山先生實不愧是近代中國一先知先覺者，我深信在他的思想裏，終於要發生出一種大力量。

首先該指出的，中山先生的思想，實在能融會舊傳統，開創新局面。第二是他對西方思想不僅能接受，還能批評。他能在自己的思想系統裏來接受，來批評。第三，是他的思想態度，實在能承續近代中國思想所必然趨嚮的客觀路向。自晚明以下，思想界早有由宋明返先秦之蘄嚮。宋明思想比較太偏於個人內心的格、致、誠、正，而輕忽了人類共業之修、齊、治、平。又總不免多量夾雜進佛、老之虛與靜的想像。晚明諸老，始竭力要挽回到動與實，挽回到修齊治平之大共業的實際措施。這一傾向，為滿洲二百多年的高壓政權所摧殘。直到中山先生，纔始重行上路，而又匯進了世界新潮流，來形成他博大無比的思想系統。

中山先生說：

> 予之革命也，其所持主義，有因襲吾國固有之思想者，有規撫歐洲之學說事蹟者，有吾所獨見而創獲者。（中國革命史）

這是近代中國思想界所應有而且是唯一的出路。

本書限於篇幅，關於已往各時代各家派的政治思想，社會經濟思想等，都未遑及。但敍述中山思想，則不能不從此著眼。實際上，就中國思想之舊傳統言，此是修齊治平的大理論，而同時又是此下中國思想新生之大路向，這便是中山先生三民主義之大體系。但中山先生在提倡三民主義之前，有一套開宗明義的哲學根據，這卽是孫文學說所主張的「知難行易」論，我們該先加敍述。

中山先生說：

中國事向來之不振，非坐於不能行，實坐於不能知。及其旣知而又不能行，則誤於以知為易，以行為難。倘能證明知非易而行非難，使中國人無所畏而樂於行，則中國事大可為矣。（孫文學說）

中山先生為要證明他「知難行易」的主張，共舉了十種淺顯的事例。飲食、用錢、作文、建屋、造船、築城、開河、電學、化學、進化。其實這類事例，舉不勝舉。卽如行路說話，豈非盡人所能，然如何舉步移動，如何開口發音，卽近代物理學、生理學專家，亦未能細加說明。故中山先生說：「不知亦能行，能知必能行。」實是一顛撲不破的眞理。他又說：

宇宙間的道理，都是先有事實，然後才發生言論。並不是先有言論，然後才發生事實。（民權主義第一講）

這也同樣的眞確。這是中山先生思想之基本出發點，我們應該首先注意。

中山先生據此把人類進化過程，分成三個階段：一由草昧進文明，為「不知而行」的時期。二是文明漸進，為「行而後知」的時期。三是近代科學發達以後，為「知而後行」的時期。

中山先生又把人類分為三系：一「先知先覺者」，創造發明。二「後知後覺者」，倣效推行。三「不知不覺者」，竭力樂成。他說：

此三系人相互為用，協力進行，然後人類文明進步，纔能一日千里。（民權主義第三講）

又說：

此三系人相需為用，則大禹之九河可疏，秦皇之長城能築。（孫文學說）

以上是孫文學說中提出知難行易論的主要論點。即此可見中山思想實是十足代表中國思想中之傳統特徵，即所謂人文精神的。人文精神是專從人類歷史文化進展以及人類社會之日常人生大羣共業為出發，而依然即此為歸宿的。因此中山思想，並不像西方一宗教家、哲學家或科學家，有其偏傾與專注。而博大宏括，同時又是平易淺近，十足代表一個中國思想家之本色。

中山先生的知難行易論，在中國傳統思想之兩大派別間，足可提示一調和的針嚮。先秦儒以孟、荀為兩派。孟子道性善，人皆可以為堯、舜，側重在行之易。荀卿分人類為大儒、小儒、庶民，重學重教，重禮重法，側重在知之難。就孟子言，人類是平等的。就荀子言，人類是有等級的。在宋、明，朱、王為兩派。朱子近荀卿，陽明似孟子。良知良能側重行易，格物窮理側重知難。論此兩派思想之本質內含，也並非截然相反。故荀卿亦說「塗之人皆可以為禹」，陽明則有黃金成色與分量不同之譬。若就近儒言，行易論，很接近顏習齋。知難論，很接近戴東原。其實中山先生並非一學究，並不在掉書袋，但因他發揮了中國思想之固有本質，他能不受西方宗教、哲學、科學種種分門別類的專家意見之牢籠與束縛，他能直從中國傳統人文精神中獨放慧眼。我們中國思想史，自可把中國古先往哲來和他比擬。

中國傳統思想之更大分野是儒與道。莊、老看重在不知亦能行，「行而後知」的人類文化演進之更早階段，所以他們常主回返自然，鄙薄文化。孔孟看重在「知而後行」的人類文化演進之較後階段，所以他們看重文化更甚於自然，但亦並沒有鄙薄自然之意。文化即從自然栽根。文化發展，依然脫離不了自然之大範圍。中山先生所謂的先知先覺，應該知覺了不知不覺們所要知覺的。這即是章實齋所謂「學於眾人斯為聖人」的理論。必如此，此三種人（先知先覺、後知後覺與不知不覺。）始能相互為用，協力進行。然後先知先覺者之思想與理論，纔不致如戴東原所謂殺人的意見。而文化亦不會與自然相脫節。

下面繼續講中山先生的三民主義，這是近三十年來，中國一部家弦戶誦的書。但書中精義，仍未為國人所共曉。我們再該重加敘述。

中山先生說：

什麼是民族主義呢？按中國歷史上，社會習慣諸情形講，民族主義就是國族主義。中山先生能按中國歷史講，按中國社會習慣講，此卽其人文精神，亦卽其思想之眞實偉大處。（民族主義第一講）

中國自秦漢而後，都是一個民族造成一個國家。外國有一個民族造成幾個國家的，有一個國家之內有幾個民族的。這亦是中山先生一絕大發現。拙著中國文化史導論對此有詳細的闡述。從這裏，可以透露出中國文化之絕大價值，我們該深切注意。（同右）

民族由天然力造成，國家用武力造成。近代西方人的國家定義，為土地、民眾、主權三要素，實在涵義未賅，而且把國家在人類整體文化中、道義上的責任忽略了。從中山先生此一分別，可以發掘出中國傳統政治理想之最高精神。（同右）

由於王道、自然力結合而成的是民族，由於霸道、人為力結合而成的是國家。此兩處所指的國家，實應專指西方國家而言。中國的民族是國族。中國的國家則是民族國家，亦可說是族國，此乃由民族文化形成，非由霸道武力形成。（同右）

中國民族主義已經失去，而且已經失去了幾百年。這是中山先生對近代中國史一種最透切的看法。近代中國大病正在此。拙著近三百年學術史詳敘此一經過，非深切瞭解此三百年來思想上最大病根，卽不易救中國。（民族主義第三講）

中山先生的民族主義，一面反對帝國主義，一面亦反對世界主義。正為中國民族主義早已失去，所以晚清末年，像譚嗣同仁學、康有為大同書一類思想，都滑進世界主義去。中山先生說：

這個主義，照理講，不能說不好。從前中國智識階級，因為有了世界主義的思想，所以滿清入關，全國就亡。王船山對此一點闡論甚詳。（民族主義第三講）

康熙就是講世界主義的人。他說：舜，東夷之人也，文王，西夷之人也，都可來中國做皇帝。今天的史太林，便想做康熙，但康熙只要借用中國文化中之世界主義来統治中國，史太林則要把馬克思列寧的思想來毀滅中國。只中國人誤認為亦算是一種世界主義而已。世界上的國家，拿帝國主義把人征服了，便提倡世界主義。所以世界主義不是受屈民族所應講。（同右）

中山先生所講的民族主義，是更著重民族文化精神的。他說：

歐洲所以駕乎中國之上，不是政治哲學，完全是物質文明。此一點，近代中國如康有為、梁啟超諸人都忽略了，經中山先生再三提出，但國人瞭此者仍尠。（民族主義第四講）

歐洲科學發達，物質文明進步，不過是近來二百多年的事。（同右）

我們學歐洲，要學中國沒有的東西。中國沒有的東西是科學，不是政治哲學。至於講到政治哲學的眞諦，歐洲人還要求之於中國。（同右）

但為何近代中國，連政治也不如西方呢？中山先生說：

因為失了民族主義，所以固有的道德文明都不能表彰，到現在便退步。（民族主義第四講）

什麼是中國民族的固有道德呢？中山先生說：

首是忠孝，次是仁愛，其次是信義，其次是和平。（民族主義第六講）

但是現在受外來民族的壓迫，侵入了新文化，那些新文化的勢力，此刻橫行中國，一般醉心新文化的人，便排斥舊道德。以為有了新文化，便可以不要舊道德。中山先生這些話，只對三十年前的新文化運動而言，他也沒料到共產黨今天在中國的情形。當時一輩醉心新文化的人，必然覺得中山先生的話太守舊了。一個思想家的眞價值，往往要經歷幾十年纔顯，所以先覺先知，實難能可貴。（同右）

中山先生又說：

我們舊有的道德，應該恢復以外，還有固有的智能，也該恢復。（同右）

中國古時有很好的政治哲學，像大學中所說「格物、致知、誠意、正心、修身、齊家、治國、平天下」那一段話，把一個人從內發揚到外，由一個人的內部做起，推到平天下止，像這樣精微開展的理論，無論外國什麼政治哲學家都沒有見到，沒有說出。這種正心、誠意、修身、齊家的道理，本屬於道德的範圍，今天要把他放在智識範圍內來講，纔是適當。我們祖宗對於這些道德上的工夫，從前雖是做過，但自失了民族精神之後，這些智識的精神，當然也失去了。（同右）

中山先生這一番話，有甚深涵義。他曾說：

> 主義是先由思想再到信仰，次由信仰生出力量。（民族主義第一講）

反言之，無信仰即無力量。目前的中國人，因對自己民族失卻信仰，因此也就失卻了力量。不僅道德實踐的力量沒有了，即智識上開悟與瞭解的力量亦沒有。因此要主張推翻一切舊道德、舊倫理、舊傳統、舊文化，來全盤西化。我們要恢復固有道德，便該同時恢復固有的智能。即像大學裏的話，我們該把近代人的目光、近代人的智識來重新研討，再加發揮。我們該懂得許多過去的道理，一樣還可以是今天的道理。如近代的西方，也何嘗把希臘、羅馬以及中古時期一切思想理論智識教訓全推翻了？（中山先生對此有詳細發揮，此處不具引。）只因近代中國失卻了民族精神，所以西洋的無古無今都對，自己的無古無今都不對，那只是一種可恥的無知。

以下再說到中山先生的民權主義。中山先生對西方近代民權主義興起之歷史背景，以及現行民權政治之實際成績，及其利弊得失之分限，分析得極詳盡。更主要的是在切就國情，來為中國推行民權政治定下一具體輪廓。他說：

外國人批評中國人，一面說沒有結合能力，又一面說中國人不懂自由。這樣的批評，是自相矛盾。（民權主義第二講）

近年歐美革命風潮，傳播到中國，中國新學生及許多志士都起來提倡自由，他們以為歐洲革命，像從前法國，都是爭自由，我們現在革命，也應該學歐洲人爭自由，這可說是人云亦云。我們革命黨向來主張三民主義去革命，不主張以革命去爭自由。（同右）

提出一個目標，要大家去奮鬬，一定要和人民有切膚之痛，人民纔熱心來附和。（同右）

中國革命目的，與外國不同。我們是各人的自由太多，沒有團體，沒有抵抗力，成一片散沙，所以要革命。實行民族主義，是為國家爭自由。按中山先生此段理論，實有甚深義據。非透闢看準中国文化政治傳統，非眞切瞭解中國社會現實病痛者，不能說，亦不敢說。然今天的中共，則又對中國另加上一重痼疾與死症，却不能把中山先生此番話來替他們擺脫。這眞所謂盲人騎瞎馬，扶得醉人東來西又倒，總之沒有思想的眞切領導，徒知向人抄襲，共產黨去了，還可有其他偏差。（同右）

他又說：

天生人類，本是不平等的。各人的聰明才力有天賦的不同，所以造能結果當然不同。如果一定要把有造就高的地位壓下去，成了平頭的平等，至於立腳點還是彎曲線，還是不能平等。這種平等是假平等。世界沒有進步。說到社會上的地位平等，是始初起點的地位平等。（民權主義第三講）

中國政治進化，早過歐洲。兩千多年以前，便打破了封建制度。歐洲就是到現在，還不能完全打破封建制度。在兩三百年前，才知道不平等的壞處。歐洲人革命，都集中到自由、平等兩件事。中國人向來不懂甚麼是爭自由、平等，就因中國的專制，和歐洲比較，實在沒甚利害。中國人民直接並沒有受過很大的專制痛苦。中國今日的毛病，不在不自由、不平等。如果專拿自由、平等去提倡民氣，便離事實太遠，和人民沒有切膚之痛。他們便沒有感覺，一定不來附和。（同右）

天之生人，雖有聰明才力之不平等，但人心則必欲使之平等，斯為道德上之最高目的。要達到這個最高目的，可把人類兩種思想來對比。一種是利己，一種是利人。利己思想發達，則聰明才力之人，專用彼之才力去奪取人家利益，漸積成專制階級，生出政治上之不平等。重利人者，每每犧牲自己亦樂為之。人人以服務為目的，而不以奪取為目的。聰明才力愈大者，當盡其才力，服千萬人之務，造千萬人之福。聰明才力略小者，當盡其能力以服十百人之務，造十百人之福。至於全無聰明才力者，亦當盡一己之能力，以服一人之務，造一人之福。這就是平

等之精義。（同右）

中山先生曾說：

國者人之積也，人者心之器也。國事者，一人羣心理之現象也。心也者，萬事之本源也。（孫文學說自序）

有人問他，先生革命思想的基礎是什麼。他說：

中國有一個道統，自堯、舜、禹、湯、文、武、周公、孔子相繼不絕。我的思想基礎，就是這個道統。我的革命，就是繼承這個正統思想，來發揚光大。（答第三國際代表馬林語）

我們此刻若要來追問這一個道統和中山先生革命思想基礎之間的具體關聯，莫如充分注重上引的一番話。即「服務」與「奪取」之兩種心理，由此可以上參孔子論仁、孟子論性善，直到陽明拔本塞源之論。

由於上述，可見中山先生的革命理論，實在涵有甚深極厚之中國傳統文化精神，並不是盲目追隨西方。但中山先生同時及其以後人，縱使信仰三民主義，亦實在不瞭解中山先生之眞意義。這裏中山先生有他極深刻極沉痛的指示。他說：

自義和團以後，一般中國人的思想，時時刻刻，件件東西，總是要學外國。（民權主義第五講）外國在物質文明的進步，眞是日新月異，一天比一天不同。至於在政治上，外國比較中國，又進步多少呢？我們要學外國，便要把這些情形，分別清楚。外國對於民權的根本辦法，沒有解決。我們提倡民權，便不可完全做效歐美。（同右）

他說：

政是眾人的事，治是管理眾人的事。中國幾千年來，社會上民情風土習慣，和歐美大不相同，所以管理社會的政治，自然也和歐美不同。（同右）

歐美有歐美的社會，我們有我們的社會。管理物的方法，可以學歐美，管理人的方法，還不能完全學歐美。（同右）

歐美對於機器，有很完全的發明，但是他們對於政治，還是沒有很完全的發明。我們現在要有很完全的改革，無從學起，便要自己想出一個新辦法。（民權主義第六講）

但中國人經過了義和團之後，完全失掉了自信力，一般人的心理，總是信仰外國，不敢信仰自

己。無論什麼事，以為要自己去做成，單獨來發明，是不可能的，一定要步歐美後塵，要做效歐美的辦法。（同右）

這眞是中國民族命運此後一死生絕續的最要關鍵。若中國人永遠不肯相信自己能想辦法，永遠要倣效他人，這眞是死路一條。此刻信仰中山先生的，還是比附上西洋思想來信仰。反對中山先生的，也是援據著西洋思想來反對。中國人自義和團以來之五十年，已經不敢自己用思想，不肯自己用思想，也不信還有別個中國人能有思想。連中山先生都在內。在這樣的心理狀態下，起先是學德、日，其次是學美、法，再其次又想學德、意，又想學英、美，最後則學蘇聯。民族主義喪失了，又尚未到甘願做殖民地亡國奴的心地，則必然要轉向世界主義。但中山先生早說過：

如果民族主義不能存在，到了世界主義發達之後，我們就不能存在，就要被人淘汰。（民族主義第三講）

而且中國若眞個自己不能產生先知先覺，中國的後知後覺們，若永遠只信仰先知先覺只在外國有，若他們永遠只肯接受外國先知先覺者的指導，則他們也將永遠得不到中國的不知不覺的老百姓們的合作。革命再革命，倣效再倣效，中國如何能不被淘汰？

中山先生的民權主義是他三民主義中最用心最精采的一部分。他確實把握到近代西方民主政治之眞意義，再會通之於中國傳統文化之眞精神，要想切就國情來建設起一個近代中國的新民主政治。其思想境界，極廣大，極開通，極平實，又極深微，實在値得我們再細研尋。至於他在民權主義中所發明的權能分職的理論，以及四政權與五治權分配並立的許多具體意見，則此處不擬詳述。

以下講到中山先生的民生主義。

我們要瞭解中山先生的三民主義，應該時刻不忘他所指出先知先覺、後知後覺與不知不覺的人類三分系。若無民族主義，將永遠不會產生中國自己的先知先覺。若無民生主義，將永遠得不到中國絕大多數不知不覺的老百姓們之附和與參加。民權主義之權能分職，則是為要謀此三種人巧妙地通力合作而設計的一架新機器。

中山先生說：

> 現在對中國人說要他去爭自由，他們便不明白，不情願來附和。但是對他說要請他去發財，便很歡迎。（民權主義第二講）
>
> 我們的三民主義，便是很像發財主義。我們為甚麼不直接講發財呢？因為發財不能包括三民主義，三民主義纔可以包括發財。（同右）

這是中山先生最深入而又最淺出的話。惜乎後來一輩講三民主義的人，從沒有從其內心深處真切的想為中國大多數人謀求發財。三民主義裏包括不進發財主義，那三民主義自然該失敗了。民生主義便是要替人發財，然此話有更深涵義。中山先生說：

馬克思以物質為歷史的重心是不對的。社會問題才是歷史的重心。而社會問題中，又以生存為重心。民生問題就是生存問題。（民生主義第一講）

他又說：

民生為社會進化的重心，社會進化又為歷史的重心，歸結到歷史的重心是民生，不是物質。（同右）

我們也可套用中山先生的話，說：民生主義裏可以包括了物質，物質包括不了民生。民生主義裏亦包括了發財，發財包括不了民生。中山先生又說：

社會進化，由於社會上大多數的經濟利益相調和，不是由於社會上大多數的經濟利益有衝突。

社會上大多數的經濟利益所以要調和，就是因為要解決人類的生存問題。人類求生存，才是社會進化的原因。階級鬪爭，不是社會進化的原因，是社會當進化時所發生的一種病徵。這種病徵的原因，是人類不能生存。馬克思研究社會問題所有的心得，只見到社會進化的毛病，沒有見到社會進化的原理。馬克思只可說是一個社會病理家，不是一社會生理家。（民生主義第一講）

這又是中山先生一針見血之論。我們應該知道，只有生理可以克治病理，病理卻永遠代替不了生理。若使中山先生的民生主義，早獲在中國實行，則馬克思的共產主義，絕對不會在中國蔓延和猖獗。

但我們有一點，該在此處指出。中國人的民族主義，雖在上層智識分子們（卽後知後覺者。）之腦筋裏是早已失去了。但在一般民眾（卽不知不覺者。）中間，是依然存在的。義和團卽是一好例。直從義和團以來之五十年，中國智識分子，從未為一般民眾打算到他們的實際福利問題上去，卻天天把自己從西方學到的許多對中國民眾並非切膚之痛的思想和理論來無條件地向他們炫耀誇揚。外國的件件對，中國的件件不對。他們天天以宣傳灌輸外國先知先覺者的道理自負，他們並不覺到在中國一般民眾之猶存有民族主義者的心情上，是會發生很大反感的。

可惜中山先生民生主義的講演稿，是未完成的。他在講了衣、食、住、行諸問題之後，本來預定要講育、樂兩題，而驟然停了。據今推想，「育」是發育成長之義，「樂」是快樂滿足之義。民生主義不是解決了衣、食、住、行四項物質生活卽告終了的，一面該要求大家人格上之發育成長，一面該求大家內心上之快樂滿足。這些都不是唯物的理論所能包括和解決。中國傳統思想，一向專重人文精神，因此也一向注意到民生問題。教育與禮樂，是中國傳統思想，尤其是儒家思想，所特別看重的兩大題目。想來中山先生若繼續講出此兩題，必然有更精湛的發揮。必然要發揮到這兩點，纔始發揮出歷史文化發展是以民生為中心的眞實涵義。中山先生之民生主義，必然不僅限於物質生活的，必然對中國的傳統人文精神有其甚深的淵源，甚大的創闢。這是有志發揮中山先生思想的人應該特別留心的。

現在我們可以總括說一句，中山先生的三民主義，應該是近代中國新生唯一的啟示。若我們把一個人的生命作譬，民族主義是其人之精神與靈魂，民權主義是骨骼，民生主義是血肉。三者不可缺一。此刻在中國蔓延與猖獗的共產主義，縱使能有一萬分之一的成功希望，最多將是一個有骨骼有血肉的行屍，沒有民族主義，卽不能有靈魂，不能有眞生命。所以我們還是希望要有民族的先覺先知。若我們能眞切感覺到需要有民族的先覺先知，我們自有興趣來仔細研究中國的思想史。

《錢穆先生全集》總書目

甲編

國學概論
四書釋義
論語文解
論語新解
孔子與論語
孔子傳
先秦諸子繫年
墨子　惠施公孫龍
莊子纂箋
莊老通辨
兩漢經學今古文平議
宋明理學概述
宋代理學三書隨劄
陽明學述要
朱子新學案（全五冊）
中國近三百年學術史（一、二）
中國學術思想史論叢（全十冊）
中國思想史
中國思想通俗講話
學籥
中國學術通義
現代中國學術論衡

乙編

周公
秦漢史
國史大綱（上、下）
中國文化史導論

中國歷史精神
國史新論
中國歷代政治得失
中國歷史研究法
中國史學發微
讀史隨劄
中國史學名著
史記地名考（上、下）
古史地理論叢

丙編

文化學大義
民族與文化
中華文化十二講
中國文化精神
湖上閒思錄
人生十論
政學私言
從中國歷史來看中國民族性及中國文化
文化與教育
歷史與文化論叢
世界局勢與中國文化
中國文化叢談
中國文學論叢
理學六家詩鈔
靈魂與心
雙溪獨語
晚學盲言（上、下）
新亞遺鐸
八十憶雙親師友雜憶合刊
講堂遺錄（一、二）
素書樓餘瀋
總目